韓国仏教史

金龍泰［著］
Kim Yong tae
蓑輪顕量［監訳］
佐藤厚［訳］

監訳者まえがき

朝鮮半島の仏教の歴史およびそこに展開した仏教思想の特徴は、日本人にとって、あまり知られていないものではないだろうか。その理由は、現在の日本の仏教が、鎌倉時代に登場した祖師たち、すなわち浄土系の法然、親鸞、禅宗系の栄西、道元、そして法華系の日蓮などの仏教が主流になり、朝鮮半島の仏教とは、ほとんど関連がないと思われていることに原因がある。

しかしながら、朝鮮半島の仏教は、古代から中世、そして現代においても、様々なところで関連を持っているのである。古代、日本に公式に仏教を伝えたのは、朝鮮半島の百済であった。また、白村江の戦い以降、日本に百済の遺民が亡命し、また高句麗が滅ぼされた時には高句麗の遺民が日本にわたり、その地の文化を日本にもたらした。もちろん、中国から直接に伝えられた仏教もあったが、朝鮮系の仏教も、少なからず日本の仏教に影響を与えたのである。なかでも、平安期までの日本の仏教において、朝鮮半島に生まれた僧侶の方たちの活躍には大きなものがあった。日本の仏教の黎明期に活躍する慧慈や慧聡、そして東大寺の創建期に活躍する審祥なども、朝鮮系の僧侶であったとされる。それ以外にも、朝鮮半島からもたらされた仏教の一つとして、平安期の浄土教に関連する資料がある。

さて、そのような朝鮮半島の仏教の歴史、およびその地に展開した独自の仏教に関する概説書は、戦前は高橋亨の『李朝仏教』や忽滑谷快天の『朝鮮禅教史』、戦後は鎌田茂雄先生の『朝鮮仏教史』や木村清孝先生、今は亡き吉津宜英先生、石井公成先生、中島志郎先生、福士慈稔先生、若手では橘川智昭先生、佐藤厚先生、馬場久幸先生らの諸論考を除いて、ほかにはほとんど存在していない。鎌田氏の通史も、出版されてからすでに三〇年が過ぎた。このような中で、韓国の研究者である東国大学校の金龍泰《キムヨンテ》先生による、自国の仏教通史として著述されたものが、この『韓国仏教史』である（原書は *Grocal Hsitory of Korean Buddhism* である）。

本書には、古代における朝鮮半島への仏教の伝播から現代にいたるまでの動向が、全般的に、要領よくまとめられている。通史の際には、現代のものが落ちることが多いが、金氏は、この部分にも配慮をしている。本書が、多くの方々にとって、身近な隣国である朝鮮半島、韓国の仏教に対する関心を惹起してくれれば、これ以上の幸いはない。

本書の刊行は、東国大学校仏教文化研究院と東京大学文学部インド哲学仏教学研究室の学術交流協定に基づき、互いの国の最新の仏教史を紹介し合うという趣旨で計画されたものである。すなわち金氏の『韓国仏教史』が日本語に翻訳されると同時に、監訳者の『日本仏教史』が韓国語に翻訳されることになっている。本書は二〇一一年韓国政府（教育科学技術部）財源による韓国研究財団の支援を受けた研究成果である（KRI-2011-361-A00008）。韓国研究財団には地味な、しかし大事な分野である両国仏教の概説書出版に対して、多大な助成をして下さったことを心より感謝申し上げたい。また、東国大学校仏教文化研究院院長の金鍾旭教授、金天鶴教授には多くの仲介の労とご支援を頂戴した。ここに記して感謝の意を表したい。

最後になったが、本書を日本語で出版するに際し、専修大学の佐藤厚先生が、翻訳を一人で引き受けてくださった。佐藤氏の献身的な努力がなければ、この本は日の目を見ることはなかったであろう。ここに記して、感謝の意を表したい。

二〇一七年三月三日

東京大学大学院教授　蓑輪顕量　識す

序文

「韓国仏教史」は韓国東国大学校ＨＫ（Humanities Korea：人文韓国）研究団のアジェンダ「グローカリティの韓国性：仏教学の文化拡張の談論（Korean ethos of glocality-Buddhist discourse for cultural expansion）」の企画趣旨を生かして執筆した教養書である。アジェンダの核心の言葉であるグローカリティ（glocality）とは、グローバル（global）とローカル（local）とを合成した造語であり、地域的な特殊性と世界的な普遍性とを同時に包括する概念である。

どの地域や国家も同様であろうが、韓国の歴史でも特殊と普遍、ローカルとグローバルとが交差しながら両者の対立と共存が繰り返された姿を見ることができる。とくに地理的、文化的な条件において周辺部の属性を持った韓国は、東アジアの多重空間の中で文明の受容者および伝達者の機能を行ってきた。この過程で世界史的普遍性を持つ仏教は、韓国の地域的特殊性と結合し、第三の派生文化を創出し、新たなグローカルな伝統を形成した。仏教受容以来、韓国は文明拡張の機会を持つことができ、固有の原型性と横断文化の交差を通してグローカリティの特性を蓄えてきた。

本書は、インドから東アジアへ続いた仏教の世界史的な拡張の構図の中で韓国仏教が持つ固有性と普遍性とを同時に説明しようとした。すなわちグローカルの観点から韓国仏教の流れを全体的に概観したものである。韓国仏教に対する知識が全くない読者のために、インドから始まった仏教の歴史的な展開過程と中国と日本仏教の特徴を前半で簡略に叙述して理解を助け、比較史的な観点を提示した。

本書の構成は、まず序論で仏教の成立とインド仏教の展開、仏教の東アジア伝来と宗派の成立を扱い、次いで韓国仏教史を時代順に記述した。仏教が受容、拡散した三国時代、仏教の大衆化が行われ教学が盛行した統一新羅時代、仏教の隆盛と禅・教宗の共存により特徴付けられる高麗時代、儒仏交替と抑仏政策が断行された朝鮮前期、仏教が自ら基盤を固めながら伝統を継承した朝鮮後期、植民地時期の仏教の状況と近代性の模索を扱った近代、過去の遺産を清算し、新たなアイデンティティを模索していく現代から構成されている。

本書は東国大学校ＨＫ研究団の英文叢書"Humanities Korea Buddhism Series"の一つとして刊行された*"Glocal History of Korean Buddhism"*（二〇一四、東国大出版部）を、一部補完・修正し、これを日本語に翻訳したものである。本書の特徴は、韓国仏教史の全体の流れを普遍的な観点から眺め、できるだけ読みやすく叙述したことである。専門的な学術書ではない教養書であるが、現在までの韓国仏教の関連研究の成果を忠実に盛り込むことに努めた。

本書が世に出るまでは多くの方々の助力と苦労があった。日本語版の出版を企画、推進した東国大学校仏教文化研究院（ＨＫ研究団）金鍾旭《キムジョンウク》院長と金天鶴《キムチョナク》ＨＫ教授、韓国仏教の専攻者であり日本語への翻訳を引き受けてくださった専修大学・佐藤厚特任教授、また監修者として内容を細かく検討してくださった東京大学インド哲学仏教学研究室日本仏教専攻・蓑輪顕量教授に心から感謝を申し上げます。また筆者に韓国仏教史研究の道を開いてくださったソウル大学の恩師・崔柄憲《チェビョンホン》先生、および筆者が東京大学大学院修士課程に在学した際、東アジア仏教に目を開かせてくださった木村清孝先生にも、本書の刊行に際して感謝の意を捧げたく存じます。

二〇一七年三月

ソウル南山のふもとで

金　龍泰

〈凡　例〉

・地名などの表記について、韓国と日本とで違いがある場合は、韓国の表記を主として、日本での表記を括弧内に記した。

韓（朝鮮）半島

・ルビは韓国の固有名詞については韓国語読みをカタカナで記し、中国・日本の固有名詞はひらがなで記した。

新羅《シルラ》　元暁《ウォニョ》　法蔵《ほうぞう》　空海《くうかい》

ただし、概念や書名については、すべて日本語読みのひらがなで記した。

和諍《わじょう》　華厳一乗法界図《けごんいちじょうほっかいず》

韓国仏教史　目　次

韓国仏教史

序論1　仏教の成立とインド仏教の展開

1　ブッダの人生とダルマの世界

インドに起こった仏教は、約二五〇〇年の間、インドと東南アジア、中央アジア、東アジアに広まった世界宗教であると同時に、優れた哲学体系として確固たる地位を構築し、これらの地域に暮らす人々の思惟と心性、信仰と来世観、修行と実践などに多大な影響を及ぼしてきた。仏教は、真理を悟った者であるブッダ（仏）により提示された思想的、修行論的な教えを根拠とし、以後、数多くの大家の努力により、変化、拡張した複合的な思惟体系であるとともに、人間の根源的な苦痛の解消と生死輪廻からの脱皮を志向する実践的な宗教である。仏教の創始者であるブッダは神ではなく人間であったが、人生と存在の核心を見抜いた先駆的な思想家であるとともに修行者であり、彼の教えは、初期仏教、部派仏教、大乗仏教を経て、多くの人類に苦痛を脱して永遠なる真理を悟らせ、衆生救済の実践的な人生を生きることができる道を開いた。

人間ブッダが生きた紀元前六―五世紀は、人類文明が始まって以来、初めて迎えた人文の黎明期であった。すなわちソクラテス、プラトン、アリストテレスに代表されるギリシア哲学の開化期であるとともに、孔子を始めとする中国の諸子百家が出現し始めた時期であった。この時期、これらの地域は強力な力を持った絶対的な専制君主ではなく、都市と城邑を基盤とする多数の都市国家や諸侯による共和政や、王政の競争の構図が繰り広げられていた。したがって多様な政治的、哲学的、宗教的な主張が認められて数多くの思想家たちが登場し、各自の意見を掲げ、相互批判を通して新たな議論を形成することができた。この時インドではバラモン教に対抗する一群の自由思想家たちが登場し、その代表者がまさにブッダであった。

当時のインドは、社会経済的には農業を中心としたが、手工業と商業が発展した都市国家が形成され、特に君主制と一部共和制が混在した一六大国が存在していた。また支配種族であるアーリア族のバラモン教が原住民であるドラヴィダ族の慣習と文化を圧倒しており、出身階級も聖職者を輩出するブラーフマナ、王族と武士階級であるクシャトリア、一般民であるバイシャ、賤民であるシュードラの四姓と不可触賤民とに厳格に区分されていた。正統派の思想であるバラモン教は、神の声として知られる雄大な宗教詩であるヴェーダ聖典を土台としたもので、ブラフマンは世界の根本原理であると同時に非人格的原理であり、アートマンは輪廻を繰り返す個体的存在の変わることのない実体である。その教えは超越的なブラフマンの原理が個体的自我や霊魂であるアートマンと一致する梵我一如《ぼんがいちにょ》を体得すれば、生死の輪廻から脱することができるというもので、ウパニシャッド哲学は業《ごう》とそれによる輪廻、ブラフマン（梵）とアートマン（我）の一致を説明したものである。

これに対して紀元前六―五世紀頃、新たに登場した自由思想家たちはバラモンとヴェーダの権威を否定する革新的な思想体系を提示した。沙門《しゃもん》（śramaṇa）や遊行者《ゆぎょうしゃ》と呼ばれた革新思想家の代表者がまさしく仏教のブッダであった。そして仏教でいう六師外道《ろくしげどう》もまた反バラモン、反ヴェーダを主張した自由思想家たちであり、それぞれ道徳否定論、運命決定論、唯物論、要素説、懐疑論を主張した。また霊魂と物質の二元論と苦行主義を掲げたマハーヴィーラのジャイナ教もここに含まれていた。これらの中でもブッダの教団とジャイナ教は、当時の時代的な雰囲気を反映して多くの共通点を持っており、正統派であるバラモン教の立場では、これらが最も強力な異端であるとともに革新思想の代表であった。特にブッダは、出身階級を無視した平等主義を教団に導入するなど、強力な身分秩序の枠組みまで否定した。

ブッダは、紀元前六―五世紀に生存していた歴史的な人物であり、元来の名前はガウタマ・

シッダールタであった。彼は一説によれば、紀元前五六〇年頃、現在のネパールの南部地域のルンビニーで、シャカ（śākya）族の王子として生まれたという。身分はクシャトリア階級であり、父はカピラ国の国王であるシュッドーダナ（浄飯王）、母はマーヤー（摩耶夫人）であった。出生説話では、摩耶夫人の脇腹から出てきて七歩歩いた後に、「世の中で最も勝れ、高貴な者であるとともに、最も年長者であり、このたび最後に現世に生まれたこと」を宣言したという。漢訳経典では「天上と天下で自ら最も尊貴であり、衆生の生老病死を救済しようとする」となっている。ブッダの前世を描いた本生譚《ほんじょうたん》であるジャータカでは、過去仏である燃灯《ねんとう》仏《ぶつ》が出現した時、ブッダはブラーフマナ階級のスメーダであったが、全財産を布施して出家した後、菩薩となり衆生を済度しようとの誓願を立て、燃灯仏がスメーダは後世のブッダになるであろうと予言したといい、現世に生まれる直前には兜率天《とそつてん》の天人であったという。

生まれた直後、噂を聞いた賢人たちが来て、転輪聖王や完全な悟りを得た者になるであろうと予言し、「目的を達成した人」を意味するシッダールタという名前を付けたという。しかし父王は、万人を救済するブッダではなく立派な王になることを願い、すばらしい食べ物と環境の中で世の中の苦痛や醜さを感じさせないようにした。また、出家の道を塞ぎ、王位を継がせるために結婚させ、息子であるラーフラが生まれた。それでもシッダールタは隔離された宮殿を捨て、生老病死の現実と生の苦痛の場面を目撃し、「四門出遊《しもんしゅつゆう》」として知られる現実的な経験を通して出家を決心するようになった。シッダールタは二九歳で出家を断行した後、六年間苦行を行なったが、苦行を通しては究極の悟りを得られないことを知り、雪山に入り一人で修行を行なった。そしてついに三五歳の時にブッダガヤの菩提樹の下で煩悩を完全に断ち、智慧を得て悟った者（覚者）であるブッダとなった。ブッダは、自身が悟った正法であるダルマ(dharma)を検証し、確信した後、七週の後に説法を決心した。

ブッダが最初に説法した場所はバラナシの鹿野苑《ろくやおん》であり、法の車輪を初めて回したという意味から、これを「初転法輪《しょてんぽうりん》」という。そして前に苦行を共にした五人の修行者を対象として八正道《はっしょうどう》と四聖諦《ししょうたい》とを説くと、彼らはすぐに悟りを得、最初の弟子となった。ここにブッダとダルマ、仏弟子がみな備わった仏法僧の三宝が初めて成立し、教団の土台が整ったのである。ブッダの教団である僧伽(saṃgha)は、遊行生活と無所有、教団の平等と自律、和合を原則とし、構成は比丘《びく》、比丘尼《びくに》、優婆塞《うばそく》（男信徒）、優婆夷《うばい》（女信徒）の四部大衆《しぶだいしゅ》から構成されていた。最も重要な基本の戒律は、仏法僧に対する三帰依《さんきえ》と五戒《ごかい》（不殺生、不偸盗、不邪婬、不妄語、不飲酒）であり、法に対する信と修行とを通して智慧を得ることが、僧伽が目指す究極の目標であった。

僧伽が成立した後、多くの人々がブッダの教団に入ってきた。ゾロアスター教（拝火教）を信じていたカーシュヤパ兄弟と一〇〇〇名の教徒が一度に帰依した他、智慧が優れたシャーリプトラ（舎利弗《しゃりほつ》）と神通力のマウドガリヤーヤナ（目連《もつれん》）、頭陀行《ずだぎょう》が優れたマハーカーシュヤパ（摩訶迦葉《まかかしょう》）をはじめ、最初の沙弥僧であると同時に密行に優れたシャカ族のラーフラと、ブッダの説法を最も多く聞いたアーナンダ（阿難《あなん》）が弟子として入った。また、ブッダのおばであるマハープラジャーパティーが最初の比丘尼として出家し、賤民出身のウパーリも戒律をよく守った者として有名である。ブッダは弟子たちが悟りを得て阿羅漢となった後、法を伝えることを宣言するや、二人が同じ一つの方向に行くなという「犀《さい》の角のごとく一人で歩め」（『法句経』）という有名な言葉を残し、自分自身と法だけを信じて行ぜよと述べた。

ブッダとその教団は、主にインド北部地域で活動していたが、マガダ国、コーサラ国など、都市国家の王と商人たちが主な後援勢力であった。無所有と遊行生活を掲げたブッダの教団は、主に托鉢、乞食《こつじき》を通して維持されたが、三か月ほど続く雨季には、遠くに遊歴することができなかった。したがってラージャグリハ（王舎城）のヴェーヌヴァナ（竹林精舎）とスダッタ長者が寄贈したシュラーヴァスティー（舎衛城）のジェータヴァナ（祇園精舎）などに留まった。ブッダは成道後、約四五年の間各地で法を説き、弟子たちを育てた後、八〇歳で、クシナガラで涅槃《ねはん》に入った。ブッダは迷いの原因を完全に断つ涅槃を迎え、悲しみに泣き続ける弟子たちに向かって「作られたすべてのものは消滅する。悲しまずに法と戒律を師として精一杯精進せよ」と命じた。

ブッダの志向は、哲学的、思弁的な論弁や、真理自体に対する盲目的な探究ではなく、どうすれば現実世界の苦痛から抜け出し、究極的な解脱に向かう悟りの道を得ることができるのかという極めて実践的な観点から始まった。すなわち矢と矢を射た人に対する分析よりは、まず矢に当たった人を助けることが最優先であるという「毒矢のたとえ」のように、苦痛のただ中にある衆生を救済することこそ、ブッダにとって最も重要な問題であったのである。したがって、ブッダは時間と空間の無限性のような、論理的に説明できない形而上学的な問題に対しては解答を提示しなかった。また哲学的に明快な規定を下さず、むしろそれに対する多様な解釈の可能性を開いて置き、自ら答えを探すようにした。

ブッダが悟ったダルマの核心は、十二縁起《えんぎ》、四聖諦《しょうたい》、三法印《さんぽういん》に集約できる。まず十二縁起は現象世界を因果的に説明したものであり、縁起とは全ての現象は原因により相互依存的に成立するという意味である。ここで原因となる因縁の中、因とは直接的な原因、縁とは結果を起こす必要条件であり、十二縁起は生から苦が生じる原因を解明したものである。十二縁起の展開過程は無明―行―識―名色―六処―触―受―愛―取―有―生―老死と続く。まず、無明は根源的無知であり、行は潜在的な活動であるが、ここまでは潜在的状態に属する。識は認識作用であり名色は対象世界であり、六処は感覚および認識器官、触はそれを通した対象の接触、受はそれからの苦楽の感受であり、この過程は感覚と感受とを通した苦と楽を意味する。愛は理性で制御できない欲望であり、煩悩を意味し、取は欲望を取捨することを言うが、この過程は欲望と執着とを意味する。有は潜在力、生は現世に生まれること、老死は生の苦痛であるので、これらは生老病死の苦悩を言う。このような十二縁起のプロセスは、行為による業《ごう》の果報という業論へとつながり、これは社会的には生まれながらの出身の限界を否定し、自らの行為に重点を置くという点で、一種の身分的な平等主義を志向する革新的思想となりうるものであった。

四聖諦は、ブッダが証得した迷いと悟りに対する四つの真理を言うが、苦《く》、集《じゅう》、滅《めつ》、道《どう》がそれである。縁起による四聖諦は、十二縁起で説いた現象と渇望が生じる原因の集→現象世界の真実である苦→涅槃に行く方法である道→渇望と愛欲が滅した理想的な涅槃の状態である滅から構成される。またブッダは苦と楽の中道を通して涅槃に入ることができる方法として八つの正しい道、すなわち八正道を提示した。八正道は正見、正思、正語、正業、正命、正精進、正念、正定である。正見とは正しい見解であり、四聖諦に対する正確な理解から始まり、正思とは正しい意図、正語とは正しい言葉、正業とは正しい行為、正命とは正しい生活手段、正精進とは正しい努力、正念とは正しい心持ち、正定とは正しい心の集中を意味し、これらをまとめると戒《かい》、定《じょう》、慧《え》の三学に整理できる。

三法印は、ブッダが悟ったダルマの世界を構造化したもので、諸行無常《しょぎょうむじょう》、諸法無我《しょほうむが》、涅槃《ねはん》寂静《じゃくじょう》を言い、ここに一切皆苦《いっさいかいく》を追加すると四法印となる。まず諸行無常とは、形成されたすべてのものは時間により変化するというもので、これにより生老病死と輪廻のような一切の苦痛が起きることになる。諸法無我とは一切の現象的存在は霊魂や自我のような永遠なる実体や超越的な実在を持たない無我であることを説いたものである。すなわち我々が認識する自我というものも、実際には、実体的な存在としてのアートマンではないことを言うもので、諸法無我とはブッダが現象世界を説明する核心原理である。涅槃寂静とは悟りを通して解脱を得た理想的な涅槃の境地を意味し、これを煩悩の炎が消えた状態に喩えた言葉である。これは輪廻の鎖から解放され、完全な自由を得たことを意味する。このように三法印は連続的かつ本質的な実体が無いという無我の原理により、絶えず変化する無常の現象世界を悟り、涅槃の境地へ進んで行く構図であり、衆生はこれを悟ることができず、現象世界に執着するために一切の苦痛が発生すると説明する。

一方、ブッダは、現象的存在に対する深い洞察も示したのだが、これを圧縮した概念が五蘊《ごうん》である。五蘊は、物質とそれに対する認識を明らかにし、現象を構成する核心的要素を分解して説明したものであり、色《しき》—受《じゅ》—想《そう》—行《ぎょう》—識《しき》がそれである。色は体と外界の対象のような物質的要素を言い、受は感受作用、想は感受された対象を心に表象する知覚作用を意味する。次の行は意志作用、識はこれらの認識作用を統括する識別作用としての意識をいう。五蘊はすべてのものは変わり（無常）、苦しいものであり（苦）、実体としての自我がないこと（無我）を説明するための現象存在に対する分析である。このほかにも眼《げん》、耳《に》、鼻《び》、舌《ぜっ》、身《しん》、意《い》のような体の感覚器官と意識、それを通して感じ、知覚される色《しき》、声《しょう》、香《こう》、味《み》、触《そく》、法《ほう》の現象および対象を総称する十二処があり、ここにそれぞれの感覚と認識作用に適用される六つの識を加えた十八界を説いた。

2　部派仏教を経て大乗仏教へ

ブッダが涅槃に入った後、その教えを収録した三蔵《さんぞう》の結集《けつじゅう》（saṃgīti）が行われた。三蔵とは、ブッダの言葉を収録した経蔵、教団の戒律を記録した律蔵、経典と律に対する理解と解釈を意味する論蔵を指す。三蔵の成立過程は初期仏教から部派仏教への移行、および発展過程と一致するが、ブッダの生存当時である紀元前六―五世紀から紀元前約三〇〇年頃までを初期仏教、あるいは根本仏教、原始仏教と称し、次いで紀元前三―一世紀頃を部派仏教、またはアビダルマ仏教という。部派仏教時代にブッダの教えに対する哲学的理解が深められ、様々な系統の多様な主張が噴出した。

まず第一結集はブッダの涅槃直後、王舎城でマハーカーシュヤパ（摩訶迦葉）の主導の下に五〇〇人の悟った弟子（阿羅漢）たちが参加して行われたという。アーナンダ、ウパーリの記憶と暗誦とにより、それぞれ経蔵と律蔵が成立したが、この時に成立した根本経典の教えを初期仏教と通称する。ブッダは当時、俗語であるマガダ語を用いていたと推定され、現存する初期仏教の文献はパーリ語で書かれ、後代にサンスクリット語で記されるようになった。

第二結集はブッダの涅槃後、約一〇〇年が過ぎて、アーナンダの弟子・ガヤがヴェーサーリーで七〇〇名の比丘を招集して行われた。当時、戒律の解釈をめぐる教団内の多様な意見が噴出したが、阿羅漢の性欲、無知、疑惑、他者による悟り、声により仏道を得ること、のようなマハーデーヴァの五つの主張をめぐり論争が始まった。また、午後の供養、托鉢および布施の原則などが果たして法と戒律に適合するのか否かの審議をしたが、結局、戒律の解釈の立場の違いにより、教団が上座部《じょうざぶ》と大衆部《だいしゅぶ》に分かれてしまった。これを根本分裂という。

第三結集は、紀元前三世紀頃、アショーカ王の時代にモッガリプッタティッサの主導により、パータリプトラで一〇〇〇人の比丘が参加して行われた。この時、ブッダの教えに対する注釈書である論書が論蔵として集成された。これで三蔵がすべて成立し、以後、南方仏教のテクストとして伝えられる。このように三度の結集を経る中で、部派の分岐と教理の発展が行なわれ、本格的な部派仏教時代が開かれることになった。

部派仏教が始まったのは、マウリヤ王朝の第三代アショーカ王（紀元前二六八―二三二在位）

がインドのほぼ全地域を統一し、ダルマ（法）による政治を天下に宣言した時期であった。アショーカ王はインド各地に仏教のダルマと政治的理想を記録した石柱と塔を建て、これを通して仏教がインド全域に広まった。しかし仏教が受容された地域的な差、また初期仏教からの時間的な差が、部派分裂が起こる重要な歴史的背景となった。

部派仏教の成立は、大きく根本分裂と支末分裂とに分けられる。まず根本分裂とは、戒律に対する解釈と立場の違いにより、伝統を固守した上座部《じょうざぶ》と、時代的変化に対応した大衆部《だいしゅぶ》とに分かれたことを言う。すなわち時代および地域の違い、社会変化にともなう律蔵の適用の問題をめぐり、進歩と保守の立場が分かれ教団が分裂したのである。以後一〇〇年が過ぎ、戒律、仏法と教理に対する解釈の違い、仏塔信仰に対する異見などにより大衆部は九つ、上座部は説一切有部など、合計二〇の部派に分かれた。これを支末分裂と言い、以後、本格的な部派仏教時代が開かれた。

部派仏教、または哲学的教理であるアビダルマ（abhidharma）は、論蔵の成立と密接な関連がある。アビダルマ論書としては『倶舎論《くしゃろん》』が代表的である。これは現象世界の構造と構成要素を明かし、これを超越して悟りを得る道を理論的に解明したものであり、阿羅漢となり涅槃を成ずることを究極的な目標としている。アビダルマでは五位七十五法といい、ブッダが人間存在を五蘊と見たことに基づいて、世界を五位または五事に範疇化し、それをさらに七十五個の要素に分解したものである。この中、五位とは、現象世界を構成する物質である色《しき》、心の本体である心《しん》、心の作用である心所《しんじょ》、心の作用外の要素である心不相応行《しんふそうおうぎょう》、涅槃や虚空のように無常を超越し生滅を離れた存在である無為法《むいほう》からなる。これらは、心と現象世界の構造を理解し、現象を超越した無為法を体得するために考案されたものである。しかし、この理論の中からダルマの究極的な実在性や、時間の永遠性を意味する三世実有《さんぜじつう》が、無我と無常というブッダの教えと矛盾する点、業と輪廻の主体と無我との間の逆説的関係など、解明し難い論理的な矛盾が発生し、人我と法我の区分など、これを解決するための多様な哲学的論争が提起された。

このように部派仏教が哲学的教理論争に陥り、さらに出家者中心の僧院体制が強固になるに従い、実践的修行、そして信仰に対する大衆的な欲求を受容できる余地が徐々に減って行った。これに紀元前一世紀頃からそれに対する批判とともに革新的な新仏教運動が起こり、その結果、大乗仏教という新たな性格の仏教が生まれたのである。大乗仏教の成立背景としては、在家信者中心の舎利供養と仏塔信仰から始まったという説が早くから提起され、最近では部派の教理と活動に基づいた出家者たちの運動から始まったという主張が出されている。また礼仏と衆生救済を特徴とする新たな大乗経典の成立と仏伝文学、および口伝説法師の登場も、仏教の信仰化、大衆化の重要な背景として指摘されている。紀元前一世紀以後に始まり、般若系、華厳系経典が成立し、中観《ちゅうがん》学派が形成された紀元後三世紀までを初期大乗、如来蔵仏性《にょらいぞうぶっしょう》思想が台頭し、唯識学派が成立した四―六世紀を中期大乗、因明学《いんみょうがく》のような仏教論理学が発展し、密教が主流となった七世紀以後を後期大乗と区分する。

大乗仏教の大乗（mahāyāna）とは、悟りに向かって行く大きな乗り物という意味で、自分だけの悟りのための修行と哲学でない、より多くの衆生とともにする教えという意味である。したがって大乗仏教では衆生に利益を与える利他行が何よりも重要であり、「上求菩提《じょうぐぼだい》、下化衆生《げけしゅじょう》」という言葉の中に、その志向が明確に現れている。すなわち大乗仏教の重要な特性は、悟りへの道において出家者と在家者とを区分しないことであり、これは人間がブッダとなって行く歴史であると同時に過程なのである。これにより大乗仏教側では既存の部派仏教に対して自分の悟りだけを追及するという理由で小乗と呼び批判した。

大乗仏教は次のいくつかの点で既存の仏教とは全く異なる姿を展開した。

第一に、ブッダ観の変化である。大乗仏教では法の師であると同時に、歴史的に実在した釈迦牟尼仏のほかに、多様な概念の多くの仏が登場する新たなブッダ観が台頭した。衆生の救済という大乗仏教の基本原則に合わせてブッダの本願と慈悲が強調され、ブッダは教化と救済の主体であるとともに崇拝の対象として神格化されたのである。大乗仏教の仏身論は、法身、報身、化身に典型化されるが、法身は真理それ自体を象徴するブッダであり毘盧遮那仏《びるしゃなぶつ》を指し、報身は菩薩が功徳を積み、成仏した存在として盧舎那仏《るしゃなぶつ》を言う。化身は衆生の済度のため現世に現れた釈迦牟尼仏である。また時間と空間とを統摂し、過去、現世、未来の三世仏や、全宇宙空間に遍在する四方仏、十方仏が登場した。これはヒンドゥー教のブラフマン、ヴィシュヌ、シヴァの三神観や、インド固有の多神観から影響を受けたものと見られる。一方、輪廻の束縛を断ち、誰でも永遠な仏の世界に往生できるという意味で、理想的な仏国土である浄土が生成され、西方の浄土を主宰する阿弥陀仏《あみだぶつ》が登場したのも、このようなブッダ観の変化に伴うものである。

第二に、菩薩《ぼさつ》（bodhisattva）とその修行法に対する新たな認識の出現である。菩薩は、元来は成仏する以前のブッダ、すなわち王子としてのガウタマ・シッダールタを形象化したものであったが、大乗仏教では悟りの道に進んで行く、すなわち仏となることができる衆生を意味するようになり、最終的に利他行の実践的な主体として大乗仏教の核心的なアイコンとして浮上した。このような菩薩観の変化も、ゾロアスター教やヒンドゥー教の神観念から影響を受けたものであり、さらにはブッダの前世譚であるジャータカからも由来した。菩薩の資格は、ブッダの智慧を備え、衆生を救済することである。例えば衆生を全て救済した後に成仏しようという四十八の大誓願を立て、これを実践して西方浄土の阿弥陀仏となった法蔵比丘が大乗菩薩の典型的な例である。大乗菩薩の修行法は最高の悟りを得る方法である六波羅蜜《ろくはらみつ》（pāramitā、到彼岸）に代表される。これは定と慧とを合わせる修行法であり、布施、持戒、忍辱、精進、禅定、智慧（＝般若）がそれである。ここに方便、願、力、智を加えると十波羅蜜となる。

第三に、大乗経典の成立である。大乗経典も初期仏教の経典と同様、ブッダの説法の形態をとっているが、内容は大乗の教理に立脚した理論的、哲学的な体系化として現れた。大乗経典の成立順序は、大きく三期に分けられるが、一世紀以前の第一期は『般若経』、『法華経』、『華厳経』、浄土関係経典が登場し、第二期は二―五世紀頃で、『如来蔵経』、仏性を説いた『涅槃経』、唯識思想の所依経典である『解深密経』が台頭した。この時はナーガールジュナ（龍樹《りゅうじゅ》）による中観思想が成立し、以後ヴァスバンドゥ（世親《せしん》）による唯識思想が開陳された時期である。第三期は六―七世紀で、『大日経』、『金剛頂経』のような密教経典が登場し、以後、タントラ経典が作られた。

仏教が伝播した地域では、伝統的に大乗経典をブッダの完全な教えとして信じてきたが、近代に入り、大乗仏教がブッダの教えではないという「大乗非仏説」が本格的に提起された。これは近代仏教学によって仏教の成立とその展開過程が、文献学的、歴史学的に究明され客観化されるにつれて、歴史的人物であるブッダと、それ以後に胎動した大乗仏教とを時期別に区分したものである。しかし、大乗経典がブッダの教えを継承し、時代と地域に合わせて変容、発展してきたものである以上、たとえブッダが直接説いた経典ではないとはいえ、これを仏教ではないと見るのは問題がある。

3　大乗仏教の主要思想

大乗仏教は、いくつかの重要な思想の登場により哲学的により発展し、大乗思想の台頭は、以後の仏教史の展開に大きな影響を及ぼした。代表的な大乗思想として、中観《ちゅうがん》思想、唯識《ゆいしき》思想、如来蔵《にょらいぞう》思想が挙げられる。まず中観思想は、空性《くうしょう》に基づいて自我のような連続的な実体を否定し、すべての現象存在の縁起だけを認めるという点で、仏教の核心である無常と無我の延長線に立っている思想である。中観思想は、般若波羅蜜の智慧を得て、空性を体得することを目標とするが、その主唱者は二―三世紀に活動したナーガールジュナ（龍樹）であった。彼は『中論《ちゅうろん》』で、無我と縁起に基づいた空に立脚し、部派仏教、特に説一切有部の言語論理を批判した。彼が提起した空観は「全ての存在は縁起しているだけで自性はない」というもので、無我―縁起―無自性―空―仮―中道と続く、縁起による現象論的な相互の関連性に注目したものである。さらに全ての現象は、概念的に言語に対応して構成され、自体的な本性を持ったものとしては存在しないと説明する。また無自性の真理である真諦《しんたい》と言語的表現である俗諦《ぞくたい》とを区分し、俗諦の言語的世界と主観的見解に固着してはならないことを主張する。有名な「色即是空、空即是色」という言葉は『般若経』の空思想から出発した中観思想の核心をよく凝縮した概念である。

ナーガールジュナを始めとする中観学派では、このような言語概念に対する執着を打開するために否定論法を用いた。八つの方式の言語的な否定を通して現象の生成を否定し、そこから執着の対象となる連続的な存在がないことを悟り、執着と苦から脱する道を提示したのである。これらはまた帰謬《きびゅう》論証の方式を通して相手の論法にしたがって議論を展開し、おかしな結論へと陥ることを反駁して論破した。例えば、実在論に立脚した三世実有説に対して一つずつ批判しながら、連続性が成立しないのであるから生成も運動も不可能であり、実在の間に相互関係が成立しないことを論証する方法である。しかし、中観学派のこのような論法や論証に対して、言語の否定は相対主義や虚無主義に陥りやすく、反対に言語を超越して体得されるある実相を認定するとすれば、これもまた論理的な矛盾であったり神秘主義に流れるという批判も提起された。

中観に次いで大乗の主要思想として唯識思想が台頭した。唯識はマイトレーヤ（弥勒《みろく》）から始まり、四世紀頃、アサンガ（無着《むじゃく》）の『摂大乗論《しょうだいじょうろん》』で唯識説が提唱され、彼の弟であるヴァスバンドゥ（世親）の『唯識三十頌』で識の理論が確立された。彼らが属した瑜伽行派は、瞑想のような実践修行を通して理論を定めたが、心をどのようにコントロールするのかが重要なテーマであった。唯識説は、唯心論ともいうが、外部の対象である現象的存在は、心、または識の認識作用により形成されたものであり、別途の実体的な実在があるのではないと見た。これは実体ではなく現象だけを認める中観の空思想に基盤を置きながらも、一段階進んで、一次的な存在である現象世界はあるが、これはただ識（心）の表象であるということである。これとともに全ての現象的存在と、それを認識する心もまた、結局すべて一つの根本意識の産物であると主張する。『華厳経』に出る「一切唯心造」という句節は、これをよく表現した言葉である。

唯識では、また遍計所執性《へんげしょしゅうしょう》（parikalpita-svabhāva）、依他起性《えたきしょう》（paratantra-svabhāva）、円成実性《えんじょうじつしょう》（parinispanna-svabhāva）の三性説を主張した。遍計所執性は、現象自体は元来存在しないが、凡夫の迷いと妄想により、有ると執着することを意味する。依他起性は、全ての現象は、因果の縁起により生成、消滅するものであり、それ自体の自性を持っていないということである。円成実性は、現象の本源として円満をなす真如の境地を意味し、これは真空妙有の絶対的な真理である。

一方、唯識では対象を識別し、認識する作用認識（心）を分析して八種類に細分化した。前の六識は対象を認知する感覚器官によって、眼識、耳識、鼻識、舌識、身識、そしてそれを総合的に判断する意識とに分けられ、次の第七識は末那識、第八識は阿頼耶識《あらやしき》と規定した。第七識である末那識は一種の自我意識であり、実体がない阿頼耶識を実体がある自我と執着するようになるが、これは無意識の中で煩悩により持続される。第八識である阿頼耶識は、潜在的な無意識の深層にある根源識であり、種子の薫習《くんじゅう》による生滅を繰り返し変化する識である。唯識では、この阿頼耶識を通して煩悩の持続、業と輪廻の連続性を説明するが、迷いと輪廻を支えるこの第八識を転換してブッダの智慧を得る「転識得智《てんじきとくち》」を悟りの方法として提示した。

如来蔵思想は三世紀中盤に成立した『如来蔵経』、仏性を扱った『涅槃経』、五世紀以前に登場した『宝性論《ほうしょうろん》』などを土台としたもので、如来の種、すなわちブッダになることができる要素が各個体の中に内在されているという内容である。すなわちブッダの性質を衆生が本来、備えているという仏性説であり、解脱の可能性を誰にでも開いておく最も大乗的な思想であり、人間存在に対する絶対的な肯定の立場であるといえる。インド仏教では、心を悟りと迷いの二つの原理により把握したが、前者の立場が如来蔵、後者の立場が唯識思想である。東アジア仏教の核心論書となった『大乗起信論《だいじょうきしんろん》』は、まさに一心が持つこのような真如と生滅の二つの側面に注目したものであり、如来蔵思想と唯識思想とを結合させて心の構造を究明した論書である。現世的な志向性が強い東アジアでは、誰でも悟りを開いて成仏することができるという、存在の無限の可能性を確信し、如来蔵仏性は東アジア仏教の最も重要なキーワードとなった。

すなわち中観の空、唯識の識に次いで、如来蔵仏性思想が受容され、地論《じろん》学、華厳《けごん》学などの教学的展開と禅宗の成立に大きな影響を与えたのである。

大乗仏教は後期になると、特に唯識学派で認識論と論理学が発展し、また密教が登場して主流思想となった。仏教論理学である因明学は、仏教の反実体主義を論理的に説明し、その批判に対して解明する必要から提起されたものであり、インド正統思想である六派哲学と論争を繰り広げた。密教とは、教えを言語的に表現する既存の顕教《けんぎょう》に対比される概念で、人間存在の属性である無明と明との二元性を克服、解消し、現世での即身成仏を追求するものである。密教の修行法は「身口意《しんくい》」の三密修行を特徴とするが、それぞれ手印、真言、曼荼羅（図像）の念想を意味する。

前期密教は、大ビルシャナ仏を中心としてブッダの慈悲と智慧を象徴する胎蔵密教と、マンダラを通して成仏の過程と儀礼に集中して法身と一体化をする金剛界密教とに分かれ、それぞれ『大日経《だいにちきょう》』と『金剛頂経《こんごうちょうきょう》』を所依経典とする。後期密教は秘密儀礼を重視するタントラ密教へと展開したが、それは金剛乗とも呼ばれる。密教は八世紀インドのパーラ王朝の支援により盛行したが、インドの民間宗教であるヒンドゥー教の教理と儀式の影響を受けてブッダも万神の一つに編入され、出家者は呪術者の役割を担当するなど、土着化、世俗化の道を歩んだ。

仏教の大衆化と宗教面での拡大を志向した大乗仏教が、四世紀以後には出家者中心の教理研究と学術論争に偏って仏教本来の姿である修行の側面が弱くなり、また民衆の信仰から一定の乖離《かいり》を露呈するようになった。こうした中、民間のヒンドゥー教のような土着信仰が再び歴史の前面に台頭するようになったのである。ヒンドゥー教は民衆の救済を最も重要な目標にするという点で大乗仏教と類似点を持つが、そのヒンドゥー教でブッダは化身の一つとなり、邪悪な者たちを滅ぼす存在として受容された。インド固有の土着信仰は、以前から仏教の歴史的変化の促進に大きな影響を及ぼしたが、儀式の重視、各種仏菩薩の神格化と信仰化をもたらし、仏教が自力修行から他力信仰へ転換するのに相当な役割を果たしたものと見られる。一方、バイシェーシカ、ヴェーダーンタ、サーンキヤなど六派哲学に代表される、ヴェーダとウパニシャッドに起源を持つインドの正統派の哲学もまた、仏教の哲学的展開に影響を及ぼし、反対に仏教の影響を受けて発展することもあった。七世紀以後にはインドで仏教が大きく衰え始め、仏教の中心は中央アジアと東南アジア、そして東アジアとチベットに移って行った。最後には、イスラム勢力がインドに本格的に進出した一三世紀以後になり、ムスリムにより仏教寺院が破壊されるなどして仏教は没落し、インドから完全にその痕跡を絶ったのであった。

序論2　仏教の東アジア伝来と宗派の成立

1　仏教経典の漢訳と学派の形成

インドで起こった仏教は、中央アジアを経て、言語や世界観などが全く異なる東アジアへ伝播した。時間的な位相を異にする初期仏教、部派仏教、初期大乗仏教の多様な教えが同時に中国に伝来し、それ以後も新たに成立した思想と信仰、修行方式が段階的に伝わった。インドは、言語的にインド＝ヨーロッパ語族である西洋文明圏に属し、宗教観、来世観など思惟と価値などの側面で、本来的に中国とは異なる世界であった。そこで生まれた仏教が現世志向的な中国文明圏に及ぼした最も大きな影響は、輪廻と業に代表されるインド的来世観が伝播したことであり、その他、人間の心性と現象世界に対する認識論、存在論などでも大きな変化を促した。

よって仏教は伝来当初から道教、儒教のような中国の土着思想との衝突を避けられなかったが、以後、相互間の影響と敵対的な変容を経ながら中国文明圏に受容、定着した。

公式記録で仏教の中国伝来が最初に確認される時期は、一世紀中盤、後漢の明帝《めいてい》（五七―七五年在位）である。ただ実際には、漢の武帝（紀元前一四一―八七）が北方の遊牧民族である匈《きょう》奴《ど》を撃退した後、張騫《ちょうけん》（?―紀元前一一四）にシルクロードを開拓させ、以後、紀元前後の時期に、中央アジアを経て仏教が中国に流入していたものと推定される。しかし記録で確認される仏教の中国初伝は、明帝が夢で金色の人（金人）を見た後、その正体が気になり、西域に特使を派遣して、これを契機として西域の僧侶たちが中国に入ってきたというものである。特使一行は、『四十二章経《しじゅうにしょうきょう》』などの経典と仏像を白馬に載せて帰還し、漢の首都である洛陽に中国最初の寺院である白馬寺が創建された。

以後、中国の漢族と北方の遊牧民族が中原の主導権をめぐって争い、南北にそれぞれ王朝を建てた南北朝時代の混乱期を経て、現実的な苦難の克服と宗教的な救いに対する渇望が増大し、既存の道教とともに仏教に対する関心が高まった。仏教が導入された初期には道教の黄老信仰と関連してブッダを不死の神と考え、不老長生と福を祈る信仰として仏教が受け取られた。当時、中国で作られた仏像が典型的な道教の修行者の姿をしていることからも、土着的な道教の観念と信仰とを通して仏教を見ていたことがわかる。道教との結合と葛藤は、仏教が中国化されるのに重要な転機を準備した。道教の創始者である老子《ろうし》がインドに行ってブッダとなり教化を行ったという「老子化胡説《ろうしけこせつ》」、逆に老子、孔子のような中国の聖人が元来ブッダの弟子であったという「三聖化現説」は、当時、両者が互いに競争し影響を及ぼしながら各自の優位を掲げた代表的な事例である。また中国の伝統思想であるとともに社会倫理である儒教との衝突と対立も避けられなかった。すなわち仏教は、輪廻と業などを説いて世の中を惑わし、倫理に抵触する野蛮人の宗教に過ぎないという排仏論が早くから提起された。

中国における仏教の受容と土着化は、異質の言語で書かれた仏教経典の漢訳の過程と同時に展開された。成立した時代と地域が異なる各種の仏教経典が次々に流入し、仏教の多様な教えが中国に伝えられたが、仏典の漢訳は中国人たちが仏教を理解し、仏教が中国から拡散するための必須条件であった。仏典の漢訳は大きく三期に分けられる。第一期は漢訳が始まった二世紀後半––三世紀前半で、『般若経』系統の漢訳と般若空思想の初期的理解を主要な特徴とする。安世高《あんせいこう》、支婁迦讖《しるかせん》などにより『阿含経』、アビダルマ、『般若経』、『阿弥陀経』などが漢訳されたが、これは初期仏教、部派仏教、大乗仏教の基本思想が伝わったことを意味する。この時期の漢訳は「格義《かくぎ》の仏教」という用語で表現されるように、仏教の難解な教理を中国的概念を借りて理解し、翻訳を行う段階であった。一例として、大乗仏教の核心的概念である「空《くう》」は、永続的に固定した実体を認定しないという意味であるが、初期には「無い」という意味の

「無」と翻訳された。老荘思想のような玄学で用いられる「無為」、「無名」のような用語に慣れていた中国人の言語観念から、「無生」、「無相」などの造語をもって仏教の概念を翻訳したのである。

第二期は、仏典漢訳が本格化した四世紀後半から五世紀初盤で、教団の整備とともに仏教が中国化の道を歩むようになった時期である。この時、般若空などの大乗思想の核心概念が正しく理解され、仏教教学の基本の土台であるアビダルマ、実践修行法として禅観も注目された。この時期を代表する人物としては、道安《どうあん》(三一二―三八五)、鳩摩羅什《くまらじゅう》(三四四―四一三)、廬山《ろざん》慧遠《えおん》(三四四―四一六)を挙げることができる。まず道安は性空の般若思想を中心として仏教思想を総合的に理解し、最初の経典目録である『綜理衆経目録《そうりしゅうぎょうもくろく》』を編纂した。また教団組織と運営に直結する戒律の遵守を強調し、僧侶の姓を「釈」と称することを最初に主張した。

インド生まれで中央アジアで活動した鳩摩羅什は、多数の言語を駆使し仏典漢訳において最も優れた成果を出した代表的な訳経僧の一人である。篤い好仏君主であった前秦王・苻堅《ふけん》が彼の名声を聴いて軍隊を派遣して亀茲国《きじこく》にいた彼を中国に連れてこようとしたが、前秦から後秦に代わって一五年間にわたり抑留された後、四〇一年に長安に入った。彼は『法華経』、『阿弥陀経』、『維摩経』、『金剛経』、『十誦律』、般若経の注釈書である『大智度論』など三〇〇余巻以上の経論を漢訳したが、それらは正確な翻訳と自然な漢文の文章で有名である。また中観思想など大乗仏教の理論を体系的に紹介し、彼の弟子である僧肇《そうじょう》（三七四—四一四）は中観の般若、空、涅槃の概念を整理した『肇論《じょうろん》』を著した。

廬山慧遠は、仏教の死後の観念が中国に受容されるのに寄与し、浄土信仰を普及させた先駆者としても有名である。当時、仏教で言う輪廻の問題をめぐり、霊魂の存在の有無に対して儒仏間の論争が繰り広げられた。慧遠は霊魂の存在を認めない中国の伝統的な神滅論に対して、法身としてのブッダの永遠性を前提として霊魂が存在するという神不滅論を主張した。これは仏教の核心の教えである無我とは相反する主張であるが、中国人たちが仏教の輪廻と業の観念を理解し受容するのに重要な役割を果たした。また慧遠は輪廻の輪を断ち、西方浄土へ往生する阿弥陀仏の観想修行を勧めて白蓮社《びゃくれんしゃ》という結社を組織し、以後、浄土信仰の盛行に大きな影響を及ぼした。一方、僧侶は出家者として世俗の皇帝に礼を捧げないという「沙門不敬王者論《しゃもんふけいおうじゃろん》」を提起した。しかし国家権力と教団の分離は東アジアの現実においては受容が難しく、中国の北朝を中心として仏教教団が皇帝権と国家権力に従属する方向へ展開した。

第三期は、主要な大乗経論の大部分が翻訳された五世紀から六世紀前半であり、中国で経論に対する注釈書が出始め、仏教教理に対する理論研究が活性化しながら仏教思想の理解が一層進んだ時期であった。六〇巻本『華厳経』が五世紀初めに仏陀跋陀羅《ぶつだばつだら》により翻訳され、唐代の七世紀末に実叉難陀《じっしゃなんだ》が八〇巻本『華厳経』、般若《はんにゃ》が『華厳経』「入法界品」に該当する四〇巻本を訳出した。東アジア仏教思想の展開で大きな比重を占める『華厳経』は、ブッダが成仏後、最初に説法した内容で、仏の世界を描写した経典である。この経典は、長い時間をかけてインド北部と中央アジアで成立した多くの短編の経典を集めたもので、唯識思想と如来蔵思想とを根底とし、菩薩行と利他行とを強調した。これとともにブッダ最後の説法の内容として知られた『涅槃経』が漢訳された。この経典は仏身の永遠性を強調し、全ての衆生が仏性を持っているという「一切衆生、悉有仏性」を説いた。これは人間存在に対する徹底した肯定とともに無限の悟りの可能性を提示したものとして受容された。また如来蔵思想を盛り込んだ『如来蔵経』、阿弥陀浄土関連の経典『無量寿経』なども漢訳されて大きな影響を及ぼした。一方、唯識思想の代表的論書も翻訳され、大乗仏教思想に対する理解水準が一層深められた。唯識思想の代表的な論師であるヴァスバンドゥ（世親）の『十地《じゅうじ》経論《きょうろん》』が菩《ぼ》提《だい》流《る》支《し》などにより漢訳され、ヴァスバンドゥが部派仏教の理論を集成した『阿毘達磨倶舎論』と彼の兄であるアサンガ（無着）が書いた『摂大乗論』も真諦（四九九―五六九）により翻訳された。

　このように主要な仏教経論が段階的に漢訳されるにともない、大乗思想と仏教教学に対する理解が深まり、これに基づいて多様な教理を研究する学派と教団組織を備えた宗派が成立した。特定の経論や教理に基づいた代表的な学派としては、涅槃学、成実《じょうじつ》学、戒律学、地論学、摂論学が挙げられる。涅槃学は、仏が涅槃に入る時に説いたという『涅槃経』を所依の経典とし、仏身の永遠性と全ての衆生の成仏の可能性を提起し、東アジアの仏教思想の展開に大きく影響を及ぼした。特に南北朝時代には、仏性の議論が仏教界はもちろん、思想界の核心的な課題の中の一つであった。成実学は『成実論《じょうじつろん》』に依拠したもので、部派仏教の法有説を批判して空を宣揚するなど、大乗思想研究の土台を構築した。戒律学は道宣《どうせん》により基礎が作られたが、四分律を中心として仏教の戒律を理解したものである。

地論学は、ヴァスバンドゥの『十地経論』を中心として、唯識思想に根拠をおいたもので、唯識の阿頼耶識をどのように規定するかをめぐって南道派と北道派とに分かれた。南道派は第八識である阿頼耶識を真如としての真識と妄識の二つの側面に区分し、如来蔵としての真識を肯定し、これを重視した。このような認識は、阿頼耶識を如来蔵と見た『楞伽経《りょうがきょう》』の思想を継承した浄影寺慧遠（五二三—五九二）の『大乗義章』に明確に現れる。これに対して北道派は、阿頼耶識をただ妄識とだけ見て、真如をこれとは別個に把握するものであり、如来蔵、仏性思想を否定する立場である。こちらは空観を修して妄識を転換した時に、はじめて悟りを得ることができると主張した。

摂論学は、アサンガの『摂大乗論』に基づいたものであり地論学の南道派の思想と類似した立場を取った。すなわち阿頼耶識を真と妄との和合識と見て、その本体を純粋な真識である阿《あ》摩羅識《まらしき》（＝如来蔵）と想定した。摂論学の思想は、以後、地論学南道派と融合、発展しながら中国仏教教学の主流の思潮となったが、このような唯識と如来蔵とが結合した仏教の中国的展開を代表する象徴的な論書がまさしく『大乗起信論』である。『大乗起信論』は六世紀頃、中国に来たインドおよび西域の僧侶、または地論学系統の人物が撰述したものと推定され、一心を真如門と生滅門とにより構造化し、阿頼耶識が如来蔵と無明との結合であることを論証した論書である。これは大乗仏教の思想の要諦を集約した仏教教学の基本的な指針となる書物として東アジア仏教思想の展開に大きな影響を及ぼした。

2　宗派仏教の成立と中国的展開

南北朝時代を経て仏教教理に対する理解が深まり、多様な学派が形成された後、一段階進んで特定の経典や教学に依拠した教宗の宗派が成立した。隋唐代は、このような宗派仏教の隆盛期であったが、代表的な宗派としては、三論宗、天台宗、華厳宗、法相宗を挙げることができる。三論宗はナーガールジュナにはじまるインド中観学派の『中論』、『百論』、『十二門論』の三つの論書に依拠したが、五世紀後半と六世紀初めに活動した高句麗出身の僧侶・僧朗《スンナン》が理論的土台を作り、吉蔵《きちぞう》（五四九―六二三）がこれを体系化して宗派として成立した。吉蔵は空と有、真諦と俗諦の不可分性を総合的に洞察する中道の観点を提起し、般若空観と仏性をともに体得する中道を強調した。また三論宗では成仏の対象を、有情である植物にまで拡張し、草木成仏説をも主張した。

天台宗は六世紀後半、天台智顗《ちぎ》（五三八―五九七）が開創した宗派であり、『法華経』を所依の経典とする。智顗は『法華玄義』、『摩訶止観』などの著作の中で、教学と観行の実践をともに追及した。天台教学は、一心に全世界が備わっているという「一念三千」、空仮中《くうけちゅう》の三諦の円融、声聞《しょうもん》、縁覚《えんがく》、菩薩の全ての衆生が仏になることができるという「会三帰一《えさんきいつ》」の一乗思想などをその特徴とする。また天台学の教判である「五時八教」は、中国仏教の教学の定立において極めて重要な位置を占める。教判とは「教相判釈《きょうそうはんじゃく》」の略語であり、それぞれの学派や宗派が、自身の教理と所依の経典とを優位に置き、その他の経典と教学をその下に位置づけて行くものである。

五時八教の中、まず五時教判は、ブッダが法を説いた時間の順序により、頓教《とんきょう》である『華厳経』を説いた華厳時、漸教《ぜんきょう》である『阿含経』を説いた阿含時または鹿苑《ろくおん》時、『維摩経』などの大乗経典を説いた方等《ほうどう》時、『般若経』と空を説いた般若時、これを総合して最後に『法華経』と『涅槃経』を説いた法華涅槃時とに分ける。次の八教は、教化の内容と方式にしたがい、化《け》法《ほう》四教と化儀《けぎ》四教に分けられる。化法四教は、『阿含経』をはじめ初期仏教の教えである蔵教《ぞうきょう》、声聞、縁覚、菩薩と小乗、大乗に共通する内容である通教《つうきょう》、菩薩のための純粋な大乗の教えである別教《べっきょう》、前の全てを包括する最高の完全な教えである円教《えんきょう》からなる。円教は『法華経』の教えである。化儀四教は、ブッダが体得した悟り自体をそのまま説いた頓教、一般の理解のため順を追って説いた漸教、機根にしたがいそれぞれ別に説いた秘密教、同じ内容でも人の能力（機根）にしたがって異なって理解するという不定教《ふじょうきょう》からなる。

華厳宗はブッダの悟りの世界を直接的に描写した『華厳経』を所依経典とし、南北朝時代末に地論学派の一部で『華厳経』の法界を重視し、その信仰を強調しながら発展し始めた。華厳宗の初祖は杜順《とじゅん》（五五七―六四〇）であり、第二祖智儼《ちごん》（六〇二―六六八）、第三祖法蔵《ほうぞう》（六四三―七一二）を経て、華厳学の理論的体系化がなされ、第四祖澄観《ちょうかん》（七三八―八三九）の代に華厳教学が集大成された。智儼は法界の縁起と無尽円融とを強調し、法蔵はこれを継承して、華厳学の教学体系を完成した。法蔵が『五教章《ごきょうしょう》』で定立した華厳の五教判は、小乗教、大乗始教、大乗終教、頓教、円教であり、華厳は最も優れた一乗思想としての円教に配当された。法蔵は、当時盛行していた新唯識と既存の如来蔵思想との対立を包摂し、新唯識を大乗始教、如来蔵を大乗終教に位置づけ、その優劣を判別し、仏性と衆生の成仏を楽観視した中国仏教の一乗的、包容的な思考を明らかにした。

次いで澄観は『華厳経』と華厳教学理解の指南書である『華厳経疏』、それに対する膨大な再注釈書である『演義鈔《えんぎしょう》』を残し、教学と観行との兼修を主張した。続いて華厳宗第五祖と崇められる宗密《しゅうみつ》（七八〇―八四一）は、華厳と『円覚経《えんがくきょう》』などの教学と禅との一致を主唱し、真心や、真知、霊知を媒介とした両者の統合を追求した。彼が著した『原人論《げんにんろん》』には、仏教の立場から儒教、道教を位置づける思想が説かれ注目される。そのほかに華厳の観法と実践行を重視した李通玄《りつうげん》（六三五―七三〇）もまた華厳学の成立に寄与した重要な思想家であり、彼の『新華厳経論』は以後、高麗の普照知訥《ポジョチヌル》に大きな影響を及ぼした。

法相宗は、唯識思想に基づく宗派で『解深密経《げじんみっきょう》』を根本経典とする。中国の法相宗の成立は、七世紀中盤の三蔵法師として知られる有名な玄奘《げんじょう》（六〇二―六六四）がインドに留学した後、既存の旧唯識と対比される新唯識学説を紹介し、経論を漢訳した時からであった。玄奘は、一七年間インドに留まり、当時の仏教研究の中心地であったナーランダ寺院で唯識学をはじめとする最新の学説を学んだ後、多くの経論を集めて帰国した。玄奘の旅行記である『大唐西域《だいとうさいいき》記《き》』は、当時のインドと中央アジアの仏教と社会、文化などの多彩な姿を具体的に示した歴史的な記録であり、猿の孫悟空を主人公とする『西遊記』も、玄奘の旅行話をモチーフとして後代に作られた小説である。玄奘は六四五年に唐の長安に帰還した後、皇室の支援を受けながら、将来した全七五部一三四七巻の経論を弟子たちとともに漢訳した。

この中、ヴァスバンドゥの『唯識三十頌《ゆいしきさんじゅうじゅ》』に対するインドの護法《ごほう》（Dhrmapāla）と戒賢《かいけん》

(Śīlabhadra) の解釈を中心として成立した『成唯識論《じょうゆいしきろん》』は、法相宗の新唯識思想の成立の基礎となっただけでなく、当時の中国の仏教思想界に大きな波乱を呼び起こした。すなわち阿頼耶識はただ妄識なだけで、如来蔵識（仏性）と区別されなければならないという当時のインド唯識学の主流の議論が中国に紹介され議論を呼び起こしたのである。このような新唯識の立場は、真諦（Paramārtha：四九九—五六九）の漢訳経論に土台を置いた摂論学など、既存の旧唯識において、阿頼耶識を真識と妄識との結合として理解したものとは相反する主張であった。特に新唯識では成仏の可能性が本来存在しない無種性の衆生を想定した五性各別説《ごしょうかくべっせつ》を提起したが、これは東アジア仏教の重要な伝統となっていた仏性論と相反するものであり、全ての衆生の成仏の可能性を否定する破格な主張であった。

　玄奘の一番弟子・窺基《きき》（基、六三二—六八二）は、『成唯識論』に対する注釈書である『成唯識論述記』などで、新唯識の主張を体系的に整理し、また他の主要な弟子である新羅出身の円測《ウォンチュク（えんじき）》（六一三—六九六）も新唯識と旧唯識の折衷を模索しながらも、本質的には五性各別説の立場に立っていた。慈恩寺に住職した窺基は、玄奘の経論翻訳に参与し、新唯識思想を集成するなど、中国法相宗の祖師として高い位置にあった。一方、西明寺《さいみょうじ》の円測もまた漢訳事業に参加し、水準の高い注釈書を著しながら窺基と双璧をなした。円測の思想は東アジア世界に大きな影響を及ぼしただけでなく、その著『解深密経疏《げじんみっきょうしょ》』が後代、チベット語に翻訳されてチベット大蔵経に収録されるなど、唯識思想の展開と発展において重要な地位を占めている。
中国仏教の教学の全盛期である隋唐代の仏教で、その他に注目すべき信仰と教理としては、浄土教、三階教、密教が挙げられる。浄土信仰は南北朝時代に廬山慧遠が阿弥陀信仰を普及させ、曇鸞《どんらん》（四七六―五四二？）による理論が整備された後、称名念仏《しょうみょうねんぶつ》を通して容易に往生できるという他力信仰として好評を得た。初期には弥勒の兜率天への往生信仰も重視されたが、徐々に阿弥陀仏、西方極楽への往生が中心となり、道綽《どうしゃく》（五六二―六四五）と善導《ぜんどう》（六一三―八二）が大衆的な基盤を広げた。唐以後には禅宗で「唯心浄土、自性弥陀」を掲げて修行の一つの方策として受容し、天台宗などの教宗でも浄土信仰を受容し、戒律の遵守を強調する念仏結社が広く盛行した。

六世紀後半から七世紀に登場した三階教《さんがいきょう》は、末世の観念に依拠した新たな実践信仰であると同時に社会運動として広く流行した。開創者である信行《しんぎょう》（五四〇―五九四）は、一乗と三乗の時代を経て現代は普法《ふほう》の時期であるから、仏教の全ての教えに従い実践しなければならないと主張した。彼は自分こそが末世の罪深き衆生であることを自覚する一方、如来蔵思想を根拠として、他者である全ての衆生を仏のように敬わなければならないという意味の普仏と普敬とを主張した。三階教は布施を集め、貧民救護と社会公益に貢献する無尽蔵を造成するなど、社会的活動を積極的に繰り広げた。しかし、教勢が急速に拡張すると、政府から危険な宗教集団として目され、七一五年に禁止された。

密教はインド後期大乗仏教の新たな思想潮流として登場したもので、八世紀前半、胎蔵密教と金剛界密教に属した善無畏《ぜんむい》（六三七―七三五）と金剛智《こんごうち》（六六九―七四一）が、根本経典である『大日経』と『金剛頂経』をそれぞれ漢訳し紹介しながら中国に本格的に導入された。金剛智の弟子・不空《ふくう》（七〇五―七七四）により中国での密教理解が深まり、教勢が拡張して皇帝までも密教の灌頂儀礼を受けるほどであった。しかし唐末の廃仏により、九世紀中盤以後に急速に衰退し、後代には密教儀礼だけが伝授された。

南北朝時代以後の仏教理解の深化と学派の発展、隋唐代の教宗宗派の成立と教学の理論的体系化に次いで中国仏教の最終的な帰結は、禅宗の成立であった。禅宗は、心の中に仏性が内在しているため誰でも仏と同じ悟りを得ることができるという、人間存在に対する徹底した肯定と楽観的な確信とに基づいたものであった。禅宗は南北朝末期に胎動し、八世紀以後に大きく発展し、特に唐末、九世紀中盤の大規模な廃仏により、教宗中心の既存仏教界が莫大な打撃を被る中で、禅宗が新たな主流として急速に浮上した。

中国禅宗の初祖である菩提達摩《ぼだいだるま》（生没年不詳）は五二〇年頃、南インドから中国北魏へ来たといい、少林寺で九年間、面壁修道した後、二祖である慧可《えか》（四八七―五九三）に心法を伝授したという。伝説によれば、達摩は有名な崇仏皇帝である梁の武帝に会い、「世俗の功徳は何らの功徳もなく、むしろ生死を輪廻する原因となります。智慧を得ることこそ本当の功徳です」と述べたという。敦煌で発見された資料によれば、彼は仏と衆生とが平等であるという仏性の理と、心が本来清らかである事実を信じて実践しなければならないという理入と行入との二入、その実践修行法である四行を主張したという。また『楞伽経』を重視し、言葉と思考を忘れる心の境地を表したという。彼の禅法は、慧可、『信心銘』を著わした僧璨《そうさん》(?—六〇六)、道信《どうしん》(五八〇—六五一)、弘忍《こうにん》(六〇一—七四)を経て慧能《えのう》(六三八—七一三)に伝承された。

中国禅宗の第五祖である弘忍の一番弟子は神秀《じんしゅう》(六〇六—七〇六)であったが、彼は本来の清浄な心を悟り、維持する修行方式を重視した。これに比べて慧能は、心に集中する態度自体を捨て、執着しない心の状態を強調して弘忍の印可を受けたと伝えられる。唐代には皇帝と中央権力の後援を受けた神秀が禅宗教団を主導したが、以後、慧能の弟子の荷沢神会《かたくじんね》(六七〇—七六二)が神秀の北宗を漸悟の修行方式であると批判し、慧能の頓悟的な態度を宣揚した。また慧能の門下の中で綺羅星の如き禅僧たちが輩出され、『六祖壇経《ろくそだんきょう》』が刊行され、南宗系統が禅宗の主流として浮上すると慧能は禅宗の六祖の位置を得るようになった。神会の荷沢宗も、以後、知解《ちげ》に束縛されるという理由で批判され禅宗の主流から退けられた。慧能の法脈は馬祖《ばそ》道一《どういつ》(七〇九—七八八)の洪州宗《こうじゅうしゅう》と石頭希遷《せきとうきせん》(七〇〇—七九〇)の石頭宗《せきとうしゅう》とに分かれ、禅宗の隆盛ぶりを示す五家七宗、すなわち臨済宗、潙仰宗、雲門宗、曹洞宗、法眼宗、および黄龍派と楊岐派が、すべて南宗禅の系統から始まった。

馬祖道一の弟子である百丈懐海《ひゃくじょうえかい》（七二〇―八一四）は禅院の日常規律である『百丈清規《ひゃくじょうしんき》』を作り、「働かざれば食うべからず」という「一日不作、一日不食」を主唱し、以後、禅宗の経済的な自立と教団の発展の基礎を作った。一方、仏から達摩、それ以後に続いたインドと中国の禅宗の祖師の系譜が灯史で確立し、禅宗の以心伝心の法脈の伝授が歴史化された。これとともに教外別伝、不立文字を特徴とする禅宗の直観的、頓悟的な気風が多くの祖師たちにより定められ、唐宋代には数多くの『語録』が作られるなど、禅宗が中国仏教の主流となった。

宋代以後、仏教は禅宗と浄土信仰とが中心となり、その中で多様な教学と信仰が複合的に展開、継承された。唐末の廃仏により多くの仏教典籍が散佚したが、高麗などから逆輸入され、宋代には天台宗と華厳宗が一時的に復興した。しかし教宗の宗派の衰退と禅宗中心の教団再編は時代的な大勢を占めた。宋代には『大乗起信論』、『楞厳経《りょうごんきょう》』など、心の構造を分析、解明した経論が重視され、禅と教とを合わせる総合的な傾向が強まり、禅と浄土が結合された念仏禅の傾向も目立つようになった。このような融合的な傾向を代表する人物が、禅宗の法眼宗に属する永明延寿《えんじゅ》（九〇四―九七五）であり、彼の『宗鏡録《すぎょうろく》』一〇〇巻とその他の著作では、諸宗融合の根拠として一心を掲げ、禅教融合と禅浄一致を主張した。

このような仏教の諸宗融合的な傾向は儒仏道三教の一致と調和論へ拡大され、禅宗を中心としながら教学と浄土とを包摂する諸宗融合の統摂的な仏教が大勢となった。しかし宋代以後、東アジア思想界の主流の位置を占めたのは、仏教の強い影響を受けて形而上学の理論を備えるようになった儒教思想的な土壌の中で育った儒教、すなわち性理学《せいりがく》と陽明学に代表される理学と心学であった。中国における仏教は、千年にわたる中国化の過程を経て、道教、儒教など土着思想と同化する中で、その結実である心性論、認識論、修行方式などにおける先駆的な業績と思想界における位置を、これら新儒学に譲渡しなければならなかった。代わりに慣習と宗教、文化の領域で仏教は長い歴史的な伝統の後光を背負い生存の道を模索した。

3　日本仏教史と宗派仏教の特性

中国で成立した東アジアの宗派仏教は韓国を通して日本に伝わり、仏教伝来以後、多様な宗派の独特な展開は、日本の古代中世の仏教の特徴となった。日本に仏教が初めて伝来したのは六世紀前半頃であり、当時、文化的な先進国であった百済から伝えられた。すなわち五三八年（五五二年説もある）欽明天皇の時、百済の聖王《ソンワン》（日本の記録では聖明王）が仏像と経典を贈ったのが公式的な仏教の始まりである。また当時の日本の政界を主導していた韓（朝鮮）半島の系統の渡来人たちが仏教受容に大きな役割を果たした。古代の韓国の状況と同様、日本も国王と王室は、仏教の導入に極めて友好的であったのに対し、独自の祖先神の崇拝や神霊信仰を持っていた一部の貴族勢力が政治的な既得権の弱体化を憂慮して反対した。これに百済の渡来人の系統である蘇我氏一族が国王を助け、積極的に乗り出して、仏教受容に反対した物部氏の勢力を鎮圧し仏教が公式的に受容された。次いで日本最初の寺院である法興寺が蘇我氏の氏寺として建立され、先進仏教国である百済と高句麗の僧侶たちが日本に招聘された。彼らの教えを受けた聖徳太子（五七四―六二二）は、律令と官位を整備するなど、古代国家の体制と基礎を固める一方で、仏教が日本で定着、発展するのに大きく寄与した。彼は法隆寺と四天王寺を創建し、仏教教学の理解と研究においても重要な役割を担当した。

八世紀の奈良時代には、仏教教学に対する理解が一層深まり、南都六宗により代表される学派および宗派仏教が成立した。六宗とは、倶舎宗、成実宗、律宗、三論宗、法相宗、華厳宗を指す。三論宗は中道を主張する中観系統の宗派で高句麗の慧灌《ヘグワン》が伝来し、法相宗は七世紀中盤以後に中国および新羅に留学した僧侶たちが導入してきた唯識系統の宗派である。華厳宗は、新羅に留学した審祥《しんじょう》が七四〇年、奈良の東大寺の落成、および盧遮那仏の奉安式の時、『華厳経』を講義しながら始まった。律宗は、七五三年、中国僧侶・鑑真《がんじん》（六八八―七六三）が日本に渡り、東大寺に最初に戒壇を設置し、正式に受戒儀式を挙行したのがその始まりであり、七五九年に創建された唐招提寺《とうしょうだいじ》にも戒壇が作られたという。奈良時代には、国家で律令とともに僧尼令を頒布し、寺院と僧侶たちを管理し、地方各地には国分寺が設置された。

九世紀から一二世紀にかけての平安時代には、教学理論より実践を重視する統合的な仏教思想が台頭した。この時期を代表する日本仏教の宗派として、天台宗と真言宗を挙げることができる。天台宗は最澄《さいちょう》（七六六（または七六七）—八二二）が中国留学後、八〇六年に比叡山で開創し、それまで成立していた南都六宗と教理の優劣をめぐる論争を熾烈に繰り広げた。日本天台宗は、大乗の梵網戒《ぼんもうかい》を重視し、密教的要素を帯びている点が特徴である。一方では天台学の本来のすがたを回復するという次元で、「全ての存在は本来、悟った状態にある」という本覚思想をも提起した。これは『大乗起信論』に依拠したもので、現世と存在に対して徹底して肯定的な思想であり、後代に大きな影響を及ぼした。天台宗は、『入唐求法巡礼行記《にっとうぐほうじゅんれいこうき》』を書いた円仁（七九四—八六四）や円珍（八一四—八九一）らを輩出するなど、日本仏教の主要な宗派として成長した。真言宗は、空海《くうかい》（七七四—八三五）が中国に行き、不空系統の密教を受学し、八〇六年に帰国して創唱した宗派である。密教の行法を強調しながらも、様々な宗派の教理を包摂し、京都の東寺と高野山を拠点として発展した。

平安時代の仏教は貴族仏教と特徴付けられ、大部分の貴族は氏寺を置き、貴族出身の僧侶を輩出し、大規模な荘園を運営した。この時期には法会と儀式が重視され、阿弥陀および弥勒信仰が盛行し、密教儀式による現世の安寧を祈願した。一方、仏教の日本的な土着化も進展し、巡礼の修行僧である上人が登場して布教と社会救済に努力し、念仏と浄土信仰などを伝えた。また山岳修行を通して神秘的な力を得る修験道が流行し、固有の山岳信仰と神仙思想が密教的な呪術と結合する様相が現れ、さらに山霊および山神を仏と同一視する「本地垂迹《ほんちすいじゃく》」思想も登場した。

日本で初めて武士が政権を掌握した鎌倉時代は、一二世紀末から一四世紀前半までの時期で、鎌倉新仏教として知られる新たな傾向の仏教宗派が台頭した。当時の浄土系の宗派とともに、日蓮宗、禅宗系統の新宗派が成立したが、浄土系の宗派としては、浄土宗と浄土真宗が立てられた。法然《ほうねん》（一一三三―一二一二）が開創した浄土宗は、称名念仏を強調し、念仏がすなわち往生のための唯一の行であることを主張した。浄土真宗は親鸞《しんらん》（一一七三―一二六二）が開創した在家仏教の宗派で、阿弥陀仏の本願を信じる他力念仏とともに、往生がすなわち成仏であることを掲げた。浄土真宗は以後、地方の農村を中心とする強固な信仰共同体を組織し、過度な年貢の取り立てに対して組織的に抵抗したほど大きな勢力を形成した。日蓮宗は、日蓮《にちれん》（一二二二―一二八二）が立てた法華系統の宗派であり、「南無妙法蓮華経」の題目でも有名である。日蓮宗は『法華経』信仰を通した仏国の具現を主唱したが、当時は元の侵略により日本の国家的危機が可視化した時期であり、日蓮宗は国家仏教的な色彩を強く帯びた。

一方、禅宗の系統は臨済宗と曹洞宗とに代表される。これらは中国の南宋で盛行していた思想を導入したものである。栄西《ようさい（えいさい）》（一一四一―一二一五）が建立した日本の臨済宗は、禅と戒律を正しく修行すれば、正法時代が到来すると教えたほか密教的な要素も持っている。道元《どうげん》（一二〇〇―一二五三）が創建した曹洞宗は、黙照禅として知られる坐禅修行に専念しながら、清規による清浄な修行生活を志向した。

一四世紀後半以後の室町時代には五山十刹の官寺が鎌倉と京都に設置され、五山文学が大きく流行したが、それは南宋以来、中国禅宗の特徴である清規の実践と、五山十刹の制度をそのまま受容したものであった。当時は臨済宗が主流の宗派となり、曹洞宗もまた教勢を拡張するなど、禅宗が大きな勢力を形成したが、その理由としては武士の文化と禅宗の修行伝統とが互いに符合する面が多かったためという解釈がある。

一七世紀から一九世紀中盤まで続いた江戸時代は、仏教が国家権力により世俗化の道を歩んだ時期であった。江戸幕府による仏教統制が強化され、教団は権力との結託を通して勢力を維持したが、宗派別に出家資格と規範などを法で定め、幕府の官僚である寺社奉行が仏教界を管理、統制した。また本末寺制度が施行され、本寺中心の体制と宗派別の結束力が強まった時期でもあった。一方、幕府による寺請制度が施行されたが、これは個別の家を該当地域の特定の寺院に所属させ、家の構成員を信徒である檀那として編入した制度であり、檀家制度ともいう。

各寺院は、所属する家の戸籍を管理し、家族の墓を運営し、その代価として安定的に布施を得ることができた。この制度は元来、キリスト教の伝播と信徒拡大の防止の目的で施行されたものであり、寺院に経済的な安定はもたらしたが、一方では僧侶の堕落と質的低下を招来し、仏教批判論を引き起こす原因となった。

このように江戸時代には仏教が権力に従属して世俗化し、葬礼儀式を除けば本来の宗教的な機能や社会浄化の役割を期待することが難しくなった。明治維新になると、仏教はそのような状態で、キリスト教を前面に押し立てた西欧文明と遭遇しなければならなかった。明治維新以後、近代国家を志向した日本は、天皇制の確立と国家主義の強化のために神道の国教化を推進した。明治初期の「神仏分離」と「廃仏毀釈《はいぶつきしゃく》」政策に危機感を感じた日本仏教の各宗派は、キリスト教に対抗できる近代宗教として自立するため、法や制度の整備と財政の拡大を試みる一方で、天皇と国家に協力する国家仏教の道へ進んでいった。その結果、帝国主義と軍国主義の拡張と強化に協力して大陸進出の尖兵の役割を行い、一九三〇年代以後の戦時体制の時には戦時教学を定立しながら、天皇のために服務する皇道仏教《こうどうぶっきょう》をも標榜した。

本論　韓国仏教史

I　三国時代——仏教の受容と拡散

1　仏教の伝来と国王権

高句麗《コグリョ》、百済《ペクチェ》、新羅《シルラ》の三国は、四世紀後半から六世紀前半にかけて順次、仏教を導入し公認した。この時は、三国ともに国家体制を整備しながら中国の制度と文物を受容する時期であり、その過程で先進的な文化であるとともに宗教であった仏教がともに伝来したのである。

中国に隣接した中国東北部と韓（朝鮮）半島北部に位置し、三国の中、古代国家としての発展段階が最も早かった高句麗は、小獣林王代の三七二年に国家教育機関である太学を設立し、公式の法律体制である律令を公布するなど、一連の制度を整備する過程で仏教を公式に導入した。当時、北朝の前秦の王であるとともに崇仏君主であった苻堅《ふけん》が僧侶の順道《じゅんどう》を送り、仏像と仏経を伝えたという。これは、それ以前に前燕《ぜんえん》を殲滅する過程で援助を行った高句麗に対する外交的次元の見返りであった。それから二年後に再び阿道《あどう》という僧侶が高句麗に来て高句麗最初の寺院である肖門寺《チョムンサ》と伊弗蘭寺《イブルランサ》が建立された。次いで三九一年には故国壌王《コグクヤンワン》が、「仏法を崇信して福を求めよ」という内容の教旨を下し、三九二年、広開土王《クァンゲットワン》の時代には、四二七年以後に高句麗の首都となった平壌《ピョンヤン》に九個の寺院が建立された。しかし、このような国王が主導した国家次元の公的な仏教受容に先立ち、民間には様々な経路を通して既に仏教が流布していたものと見られ、それが公的受容後に高句麗全域に仏教が広く伝播される要因となった。

韓半島中南部の西部地域に位置する百済には、三八四年、枕流王《チムニュワン》の時、東晋から来た外国僧侶・摩羅難陀《まらなんだ》により仏教が公式に伝来した。翌年に百済の都であった漢山《ハンサン》（現在のソウル近郊）に一〇の寺院が建立された。初期の百済仏教の学問的、文化的な水準は極めて高かったものと見られるが、これは倭（日本の古い名前）の仏教文化の形成に及ぼした百済の影響を通して知ることができる。五三八年（異説あり）、聖王《ソンワン》（聖明王）は倭に仏教を伝え、以後、継続して僧侶と瓦博士などの技術者たちを派遣し、仏教教学と文化を伝授した。百済は新羅の仏教受容にも大きな影響を及ぼすなど、韓（朝鮮）半島の先進仏教国家として成長した。

韓（朝鮮）半島の東南部地域に偏り、三国中、古代国家としての発展段階が最も遅かった新羅には、五世紀前半に政治的な同盟国であった高句麗を通して仏教が伝来したものと推定される。『三国遺事《サムグクユサ》』などには、新羅と高句麗の境界近くにいた毛礼の家に阿道、または墨胡子《ぼくこし》と呼ばれる異邦人の僧侶が来て仏教を伝えたという。このように新羅に仏教が伝来した直接的なルートは、当時外交関係を結んでいた高句麗を通してであったが、以後、隣接する百済からも影響を受けながら多様な性格の仏教を受容するようになった。

新羅への仏教伝来は、民間を通して王室にまで伝わったが、当時、政治的な既得権と宗教的な独自性を持った貴族勢力の反対が激しく、仏教の公式受容は容易ではなかった。新羅での仏教公認は古代国家の体制を整備した法興王《ポップンワン》代の五二八年に行われた。法興王は即位後、生きとし生けるもののために福を修して罪を除くため、新羅最初の公的寺院である興輪寺《フンニュンサ》を創建しようとした。その過程で貴族たちの反発をなだめるため、側近の異次頓《イッチャドン》を処刑することまで行い自分の意志を貫徹した。この時、異次頓の首から白い血が噴き出る異変が起こったという。ついに仏教を公認した法興王は、末年に出家して僧侶となったという記録も伝わる。

一方、三国の外にも、一世紀から六世紀中盤まで韓（朝鮮）半島南部の海岸地域に伽倻という連盟体国家が存在したが、ここには大陸ではなく海上の道を通して南方仏教が受容されたことが確認され注目される。『三国遺事』には伽倻連盟体の始祖である金首露王《キムスロワン》の夫人がインドの阿踰陀国出身で、婆娑石塔を将来したという伝説が紹介されている。現存する塔の模様や材質から見て、韓（朝鮮）半島の外で作られたものと推定される。これは三国の仏教公認以前に、既に南方の海のルートを通して仏教が伝来した可能性を示す重要な証左である。

三国の仏教受容と公認は、同じ脈略の歴史的な状況と時代的な要請により行われた。すなわち三国で仏教が公認された背景は、王権強化と中央集権的な統治体制の整備とともに推進されたのである。古代国家の発展段階で先んじていた高句麗と百済は、四世紀後半に既に律令と官僚体制など、国王を中心とする集権的な統治体制を備えていた。これに比べて新羅は、六世紀初めまで超越的な王権を確立できず、連盟体的な体制が維持されていた。六世紀前半の法興王代になってやっと律令が頒布されて官僚の公服が制定され、貴族の代表として上大等の官職が置かれて国王を補佐した。これは以前に六部の支配層である貴族勢力と大きく違わなかった国王の地位が格上げされたことを意味する。当時、貴族勢力などは王室を中心とした仏教受容に反発した。なぜなら王室は国王中心の統治体制の整備に仏教を積極的に活用したからである。すなわち仏教は、連盟体の支配層たちが持っていた土着的な信仰や観念を超越する普遍宗教と共通の理念として機能していたのである。

仏教が王権の強化に寄与した事実は、三国の中、国家体制の整備と仏教の公認が最も遅かった新羅で特によく現れる。新羅で王権と仏教の関係をよく示す代表的な事例は次のようなものである。

第一に、仏教の理想的な君主像である転輪《てんりん》聖王《じょうおう》の観念の受容である。転輪聖王は、紀元前三世紀インドのマウリヤ王朝のアショーカ王が征服戦争の後、仏法による社会統合と平和を打ち立てる時に追求したものであった。新羅でも六世紀中盤、新羅の領土拡張と国家発展に大きな功績をなした真興王《チヌンワン》が転輪聖王を追い求めた。真興王は、王子たちの名前を転輪聖王の考え方にしたがい銅輪と舎輪（鉄輪、金輪ともいう）と名付けた。伽倻を併合し、漢江流域など、半島の中西部と東北部に領域を拡張した後には、道徳による無差別的な統治を宣言した巡狩碑を征服地域に建立したが、これはアショーカ王が法による統治を天下に公布するために建立した石柱をモデルとしたものと見られる。また真興王が新羅初の寺院である皇龍寺《ファンニョンサ》を完成させた時、アショーカ王が仏像を作るために集めておいた鉄や金を載せた船が新羅に到着して丈六尊像を作ったという伝説が伝わる。世の中を平和に統治し、次の仏である弥勒仏が下生できる基盤を整えるという転輪聖王の概念は、高句麗と百済でも積極的に用いられた。倭に仏教を伝え、百済の中興を図った聖王もまた、転輪聖王からその名を付けたのである。

第二に、「真種」意識の成立である。これは新羅でだけ確認される独特の観念であるが、この真種とはインドのクシャトリア（刹帝利種）、またはブッダが属した釈迦族に由来する「真の血族」という意味で、新羅王室がまさに真種であるという観念である。真興王から真徳女王《チンドクヨワン》まで四名の国王が王名の前に真という文字を使い、一般の貴族と区別される王族を指す真骨という名称も、この真種意識から始まったものであるという主張もある。

さらに国王一家は、真骨の中でもブッダの直系家族と同じ聖なる権威を持つため、これを聖骨と呼んだ。真興王の孫であり銅輪の息子である真平王《チンピョンワン》（五七九―六三二在位）は、自分の名前をブッダの父である白浄（浄飯王）、兄弟たちはブッダの伯父である伯飯と国飯、王妃はブッダの母である摩耶とした。これは自分を継いで次に王位に上る国王がまさに仏であることを予告したものであった。しかし後を継ぐ息子がいなかったので、娘の徳曼が善徳女王《ソンドクヨワン》として即位し、その次はいとこの妹の勝曼が真徳女王となった。この中、徳曼という名は、多くの衆生を済度しようと、わざと女性の体で生まれた「徳曼優婆夷」から取ったもの、また善徳という名は、釈迦牟尼から転輪聖王となるであろうと予言された「善徳婆羅門」から取ったものであり、勝曼は勝鬘夫人として『勝鬘経《しょうまんぎょう》』に登場する女性の名称である。このように善徳女王と真徳女王の即位は、真種意識から一段階進んだ聖骨という神聖な血縁の観念により行われた王位継承であった。

第三に、仏教式の王名の使用である。六世紀前半の法興王から七世紀中盤の真徳女王までの新羅の王名はみな仏教用語を借用したものであり、したがってこの時期を仏教式王名時代という。『三国遺事』では、この時期を中古時期といい、前の上古、後の下古と区分される一つの独自な時期と規定している。一方、百済でも六世紀に聖王、威徳王、恵王、法王など、仏教式の王名を使用した事例が見え、新羅との共通点を求めることができる。

2　教学理解と戒律の導入

仏教の受容は、経典の導入とそれにともなう仏教教理の理解、出家僧侶の存在と僧団の形成をもたらした。三国の中、最も早く仏教を受容した高句麗は、仏教教学に対する理解水準も極めて高かったと見られるが、残念ながら断片的な記録のほかには関連資料がほとんど残っていない。まず梁代に書かれた『高僧伝』には、高句麗で仏教が公認される前の四世紀中盤に、高句麗の僧侶と東晋の高僧・支遁《しとん》が手紙をやりとりした事実が記録されている。以後、五世紀後半、高句麗の僧侶・僧朗《スンナン》が長安に行って中観思想に注目し、後代に三論宗が成立する理論的基礎を整えた。慧灌《ヘグワン》は隋に行って三論宗の開祖である吉蔵に受学し、六二五年には日本に渡って日本の三論宗を開き、日本仏教の第二代の僧正に登った。奈良の法隆寺の金堂の壁画を描いたことで知られる曇徴《タムジン》も高句麗出身の僧侶で、日本で仏法を講義した。三論学のほかにも涅槃学の普徳《ポドク》、天台学の波若《パニャ》などの活動が知られている。新羅と日本の僧侶たちが高句麗に留学して仏教を学ぶなど、高句麗は当時仏教学の先進国であったことは明らかである。

百済もまた教学理解と仏教文化の水準が高かったが、六世紀以後の資料の一部だけが伝わるだけで具体的な状況はわからない。聖王代の五四一年、中国南部の梁から『涅槃経』などの仏典と解説書を導入し、多くの留学僧たちが中国に行き、当時流行していた成実・涅槃学を導入して研究した。以後、法華三昧行法と、北朝で流行していた地論学とが受容され、七世紀前半の武王代には、隋と唐初に盛行していた摂論学と三論学とが伝わって影響を及ぼした。特に三論学は高句麗だけでなく百済でも主流に位置して発展したが、日本の聖徳太子の師である恵《ヘッ》聡《チョン》と日本の初代の僧正となった観勒《クワルロク》も百済出身の三論学僧であった。一方、百済では戒律学も重視され、六世紀前半、謙益《キョミク》がインドに行き律蔵を伝来し、それを翻訳したという記録が伝わる。以後、戒律学関連の注釈書が作られ、五八四年、日本の比丘尼僧侶たちが正式な受戒のために百済に来たと伝わるほど、その水準が極めて高かった。一方、『法華経』信仰と弥勒信仰も百済で盛行した。

新羅に仏法僧の三宝が公式に伝来したのは、記録によれば六世紀中盤から七世紀初めにかけてであった。まず覚徳《カクトク》が南朝の梁に留学した後、五四九年にブッダの舎利〈仏〉をもたらし、続いて明観《ミョングアン》は陳で学んだ後、五六五年、経典〈法〉一七〇〇余巻を持って帰国した。また智《チ》命《ミョン》は隋に留学した後、六〇二年に入り、『四分律羯磨記』〈僧〉を著述した。

以後、六世紀後半と七世紀前半に活動した円光《ウォングワン》は、陳と隋で成実学と摂論学などを修学して帰国したが、彼は真平王の命で隋に援軍を請う「乞師表」を作るなど、政治的な諮問とともに外交にも貢献した。彼は高句麗、百済との熾烈な戦争の中、当時、新羅人の倫理規範として世俗五戒《せぞくごかい》を提示した。世俗五戒は、忠誠を尽くして君主に仕える、孝行を尽くして父母を大事にする、信義により友人と交わる、戦争に出たならば退くことをしない、殺生する場合には選択を行う、であった。これは儒教の徳目と仏教的な観念、何よりも戦乱期の時代的な課題を考慮した内容であった。

次いで真骨王族出身の慈蔵《ジャジャン》が唐に留学して戒律学と摂論学を修学し、六四三年に蔵経一部を持って帰国した。彼は大国統に任命され、善徳女王と朝廷の全幅の支援を受け、中国仏教をモデルとした教団整備を推進した。慈蔵は皇龍寺を中心として教団を五部に組織し、監察機構を置き、地方寺院に対する監督を強化した。また戒律を整備して出家者と在家信徒とを区分し、出家者を対象とした『四分律』の授戒と、在家信徒を対象とした『菩薩戒本』の講演、および菩薩戒の授戒を盛んに行った。さらに通度寺《トンドサ》に金剛戒壇を設置し、皇龍寺の九層の木塔の建立と真身舎利の奉安を主導するなど、戒律の実践と授戒儀式の整備、国家との密接な関係の中で教団体制の完成を図った。

3　仏教信仰の流布と拡散

仏教の受容とともに現世と来世の福を祈願する仏教信仰が三国に広まった。高句麗の場合には、古墳の壁画から礼仏と説法、転輪聖王など、仏教信仰の多様な様相が確認され、また現存する高句麗の仏像の銘文から、弥勒信仰と阿弥陀信仰が盛行していた事実がわかる。百済の場合も、残存する仏像、彫刻、塔と中国側の記録などを通して多彩な仏教信仰と水準の高い仏教文化の姿を類推することができる。ここでは史料が最も多く残っている新羅の仏教信仰を中心に紹介する。

仏教導入以前の新羅では、名山信仰とトーテムなどの土着信仰が中心であり、支配層を中心とした祖先崇拝信仰も強かった。仏教導入の初期に僧侶を指す用語である三麼は、巫俗のシャーマン（shaman）に由来し、日本の神社と同様、神聖な信仰空間である祭場や神堂、神宮などが存在した。仏教が導入されると、このような伝統的な宗教的空間に寺院が造られるようになったが、例えば天鏡林には興輪寺、神遊林には四天王寺《サッチョンワンサ》が建立された。また後代の潤色であるが、山神である仙桃聖母を奉安した神祠で金を掘り出して仏殿を修理したなど、土着信仰から仏教信仰への転換が徐々に行われた。

　新羅の仏教信仰の初期的な特徴は、王室主導の仏教信仰が主流をなし護国仏教の特色が強く現れたことである。真興王の時に最初に開かれた八関会《パルグアンフェ》は、在家信者が戒律を守り修行するという元来の八関斎の儀式とは異なり、戦争で死んだ護国の将兵たちの霊魂を慰める慰霊祭の性格を持ったものである。真興王代には、これとともに百高座会《ペッコジャフェ》が開設された。これは新羅に来た高句麗の僧侶・恵亮《ヘリャン》が主導して施行したもので、国家の安定を祈願した一種の鎮護国家の法会であった。以後、六一三年に皇龍寺で開かれた百高座会で円光が説法をしたという記録がある。百高座会は、ブッダとインドの王たちの問答を記録した『仁王般若経』に基づくもので、この経典は、国家の災難を防ぎ、福を祈願しようとするならば、国王が仏教の教えに従わなければならないというのが主要な内容である。

　一方、新羅がはるか昔から仏教と因縁を持ったという仏国土観念が台頭したが、これは仏法と護法神が、仏の国である新羅と国王を保護してくれるという意識の表れであった。具体的な内容は、新羅の首都・慶州《キョンジュ》に過去七仏が住していた七つの伽藍址があり、新羅最大の寺院である皇龍寺が、まさに過去仏の中の一つである迦葉仏《かしょうぶつ》が住したところであるという考えであった。このような仏国土の観念の延長線上で、三国の抗争期の国家的な危機の中で、高さ八〇メートルに至る九層の木塔を皇龍寺に建て、新羅の安定と発展とを祈願したのであった。

しかし国家中心の信仰と儀礼、観念だけが存在していたのではない。個人的な次元の仏教信仰も広まり、現実の苦痛を救済する観音信仰が流行した。息子の誕生を願うなど、多様な現実的な願いのために数多くの観音菩薩像が造られた。また、三国すべてで弥勒信仰が盛行したが、弥勒信仰は、弥勒菩薩が住む兜率天に往生することを願う弥勒上生信仰と、未来仏である弥勒仏がこの世に降臨して教化を行なうことを願う弥勒下生信仰とに大別される。弥勒上生信仰は高句麗で特に盛行したが、その理由は当時、中国の北魏で兜率天《とそつてん》往生信仰が流行した点、そして天の子孫すなわち天孫であることを掲げた高句麗の支配層が、天に昇っていくという自意識を持ったことと関連があるものと見られる。

これに対して弥勒下生信仰は中国南朝の影響を受けた百済と新羅で盛行した。百済と新羅の王たちが標榜していた転輪聖王は、世の中を正法により平和的に治める弥勒仏が出現する土台を準備する存在である。息子の名前を銅輪、舎輪と付けた真興王代に花郎《ファラン》という組織が結成されたが、これらは一種のユートピアである弥勒仏の龍華世界の建設のための現実的な実践を担当し、弥勒の化身と考えられた。『三国遺事』に出る舎輪、または鉄輪／金輪である真智王《チンジワン》の在位中に、弥勒下生の関連資料が初めて登場する点も注目される。また、百済と新羅で作られた半跏思惟像は、当時の社会の理想を反映し、弥勒菩薩を形相化したものとみられる。慶州に現存する高さ八メートルの断石山の弥勒三尊磨崖仏や、百済の武王が転輪聖王を追求し、弥勒仏の下生と三回の説法のための三金堂、三塔の特異な伽藍配置により大規模の弥勒寺《ミルクサ》を造成したのも弥勒下生信仰が盛行していたことを示す事例である。

このほかにも新羅では占察法会《せんざつほうえ》も開かれたが、これは簡子（小さな板）を転がして前生の業報を占った後、その罪を懺悔し善行を修するものであった。これは、土着信仰に慣れ親しんだ新羅の一般民たちに仏教を簡単に受容させるために円光が始めたものである。以後、これは広く普及し、統一直後には慶州の興輪寺でも占察法会が開かれた。特に、主として景徳王代に活動した真表《チンピョ》の占察法会が有名である。一方、七世紀中盤頃、阿弥陀浄土への往生を希求する阿弥陀信仰が導入され、以後、統一新羅時代に代表的な仏教信仰として大きく流行した。

II　統一新羅時代――仏教の大衆化と教学の隆盛

1　三国統一と仏教大衆化

三国は長い間の熾烈な戦争の末に、新羅と唐の連合作戦により、六六〇年には百済、六六八年には高句麗が滅び、新羅による統一が完成した。三国の統一過程で、戦乱により弊害した民衆を助け、民心を慰撫し、死者を追悼することは時代的な課題であった。また新たに服属した百済と高句麗の地域の遺民たちをともに統合しなければならなかった。仏教は、当時の人々が現実的な生の苦痛を解消し、来世の慰安を持つのに大きな役割を担当し、地域と社会の統合を行う際に象徴的な働きを行った。前の中古期の新羅王室では仏教を政治的に積極的に活用し、王権強化と統治理念の確立に役割を果たしたが、統一以後は政治理念としての役割は縮小し、代わりに社会的、宗教的な機能が拡大した。

三国統一を達成した新羅中代の国王は、政治理念としては儒教を掲げ、君主の道徳的な資質と能力を重視する徳治を強調した。これは前に善徳女王、真徳女王の執権期に高句麗、百済の侵攻と内部の反乱により国家的な危機状況を経験したことから、内憂外患を克服し、国家を安定させることができる政治運営能力と統治体制の確立が必要だったためである。太宗武烈王《テジョンムヨルワン》（六五四―六六一在位）に次いで三国統一を完遂した文武王《ムンムワン》（六六一―六八一在位）は、国を護るために死んで東海の龍になると祈願し、死後、東海の海の海中陵に埋葬された。一方、仏教教団は統一後にも自律的に運営されたが、皇龍寺、四天王寺などの主要寺院に国家で管理する成典が設置された。八世紀後半になると、寺院の建立と教団の運営を主管する政法典を置き、ここに僧官を任命した。

七世紀中盤の三国統一後、新羅社会における仏教のあり方が変化するが、その最大の特徴は仏教の大衆化であった。首都の慶州と王室および支配層中心の仏教から、以後、全地域の社会構成員全体の信仰へ拡大し、市場と村で一般民を対象とした布教が活発に行われた。当時の代表的な教化僧としては、恵空《ヘゴン》、大安《テアン》、元暁《ウォニョ》（六一七―六八六）を挙げることができる。これよりも前の七世紀前半に活動した恵宿《ヘスク》は大衆教化の先駆者である。彼は花郎の郎徒出身で、都ではなく地方で仏教の教えを伝えた。彼は、国仙である瞿昆公が狩りを楽しむと、自分の腿の肉を切って捧げて殺生を慎むことを勧め、また国王の招請を拒否して一般民の布教に全力を傾けた。そして恵宿は下人出身であり、あじか（ざるのようなもの）を被って踊り歌うなど、神異なふるまいで有名である。彼は般若空観を重視して元暁に教えを授けたことで知られる。大安もまた教化僧であると同時に、学僧として狂ったふりをして道端で過ごしたという。新羅の代表的な教学者である元暁は、世間と出世間に捉われない生涯を生きたことで有名である。還俗後に歌と踊りを踊り、何にも束縛されない無礙行によって教化を行った。元暁は、大衆のための信仰として阿弥陀浄土信仰を強調したという。そのため新羅で「南無阿弥陀仏」の声が途切れることはなかったという。

統一後、個人の平安と来世の安楽を希望する仏教信仰が全ての階層に広まったが、来世信仰としては、以前から流行していた弥勒信仰とともに阿弥陀信仰が新たに盛行した。阿弥陀信仰は、「すべての衆生をみな救済した後に成仏する」という内容の四十八の誓願を立てた法蔵比丘が阿弥陀仏になって主宰する西方極楽浄土へ往生することを祈る信仰である。西方極楽浄土とは、我々が住んでいる現世と来世の娑婆世界を離れた西方の空間に作られた極楽浄土であり、阿弥陀仏の願力による輪廻の鎖を断ち、仏の世界で永遠の安息を得ることができる。阿弥陀浄土を説いた『無量寿経』では、浄土への往生を誓願して念仏を行えば、大罪を犯したり仏法を誹謗した者を除けば誰でも往生できるという。このような浄土信仰は、東アジアで大きく流行した。中国では阿弥陀仏の名前を唱える称名だけでも往生が可能であり、悪人も往生できると し、誰でも、より易しい方法で往生できるように門戸を広げた。そのため教宗、禅宗どちらも大衆の支持を得やすい浄土信仰を積極的に受容するようになった。

弥勒信仰も阿弥陀信仰と連動して、兜率天に上生する弥勒上生信仰が流行した。死者の往生を願うこのような浄土信仰の事例としては、文武王の弟の金仁問《キムインムン》（六二九―六九四）のために阿弥陀道場が開設された事実、官吏であった金志誠《キムジソン》（六五二―？）が父母のために造った甘山《カムサン》寺《サ》に、弥勒菩薩像と阿弥陀仏像を造った事実など、多くの例が伝わっている。浄土信仰は、王族、貴族層だけでなく、一般から賤民までにも広まったが、念仏修行を通して生きたままで西方極楽に往生した奴婢の郁面《ウンミョン》の説話をはじめとして、修行と信仰とを通して往生したり、直接、弥勒仏と阿弥陀仏になったという逸話が伝わる。

現世信仰としては、観音菩薩が現実の苦痛を救済してくれるという観音信仰が最も盛行した。外交問題で唐に行った金仁問の無事の帰還を願う観音道場を開いた例、敵に捕まえられたり船で商売に出たが戻らない息子のために父母が観音菩薩に祈った例、目が見えない子供の目を治してほしいと、また病を治してほしいと観音菩薩に祈った例、観音菩薩の助けで、夢で人生の無常を悟ったという話など、多くの不思議な行跡と霊験譚が史料に伝わっている。

新羅時代の仏教文化を代表する象徴的な造形物であると同時に、現在、世界文化遺産に登録された仏国寺《プルグクサ》と石窟庵《ソックラム》は、新羅の仏教信仰を集約した空間であった。八世紀中盤、金大城《キムデソン》が王命で仏国寺とともに石窟庵を創建したが、これは前生と現生の父母の冥福を祈るためのものであった。仏国寺には真理の象徴である毘盧遮那仏、現世仏である釈迦牟尼仏、西方極楽浄土を主管する阿弥陀仏とともに衆生の苦痛を救済する観音菩薩が奉安され、それぞれの空間が仏国土として造形されている。また釈迦塔と多宝塔の簡潔美と華麗さが相俟って仏の世界を荘厳している。一方、石窟庵は科学的な設計と芸術的な造形で世界的に有名であるが、インド―シルクロード―中国と続く石窟寺院の伝統を継承しながらも、完全な人工の石窟であるという点で独自性を持つ。石窟庵の本尊仏は釈迦牟尼仏で、仏の正覚像を表象したものである。十大弟子像と十一体の観音菩薩像に囲まれた石窟庵の本尊仏の崇高で厳かなさまは、見る者をして自ずから宗教的な敬畏の心を抱かせる。このように新羅は、現世と来世に対する宗教的な願いと信仰を仏教により解決した。こうした姿は多くの仏教文化遺産と『三国遺事』などの記録を通して今日まで伝わっている。

2 教学の盛行と唯識、華厳思想家

統一後の新羅は、中国との活発な交流とともに高句麗、百済の仏教の有形無形の資産を吸収しながら教学理解を一層深め、多くの仏教思想家たちが輩出した。教学の中でも特に唯識学と華厳学が盛行し、唯識学と『大乗起信論』の思想を基盤として元暁という傑出した思想家が出た。唯識学は、それまでの旧唯識に対する理解を土台としながらも、七世紀中盤、唐の玄奘（六〇二―六六四）が新たに導入し、大きな影響を及ぼした新唯識説による多様な思想的な模索が行われ、多くの学問的な成果が出された。華厳学は、義相《ウィサン》（義湘《ぎしょう》、六二五―七〇二）とその門徒たちによって体系的な理解が可能となった。義相は中国華厳の二祖智儼（六〇二―六六八）に修学し、同門であるとともに中国華厳の理論的な礎を作った法蔵（六四三―七一二）と帰国後にも思想的な交流を持続した。新羅の華厳学は以後、義相の門徒たちの活動と研究により発展し、後代に宗派として成立した。

新羅の唯識学の成果を語る時、まず最初に言及される人物は円測《ウォンチュク》（えんじき）（六一三―六九六）である。円測は、新羅の王族出身で一〇代で唐に留学し、梵語と西域の言語を習得し、玄奘の弟子となり、新たに入った新唯識の文献の漢訳事業に従事した。彼は師匠が導入した新唯識を積極的に受容し、識の理解、五性各別説などの問題で既存の旧唯識との比較を通して、唯識学の理論的な体系化を模索した。六五八年、唐の皇室の支援で開創された西明寺に住職しながら、西明学派を開き、『成唯識論疏』など、一〇〇巻余りにのぼる多くの書を著した。円測の系統は、玄奘のもう一人の弟子であるとともに中国法相宗を開創した窺基（六三二―六八二）の慈恩学派とはライバル関係であった。慈恩学派は中国法相宗の正統を自負して円測とその門徒たちを排斥したため、その活動および思想は実際よりも貶められた。しかし、円測の唯識教学は玄奘の新唯識の精髄を継承しただけでなく、思想的な包容性も備えたものと評価される。弟子の道《ト》証《ジュン》が六九二年に帰国し、新羅にも彼の教学理解が伝わるなど、東アジア世界に及ぼした思想的影響力が少なくなかった。特に彼の『解深密経疏』は、八世紀に敦煌地域に伝承され、以後、チベット語に翻訳されてチベット大蔵経にも収録された。

新羅唯識学の代表的な学僧としては、道倫《トリュン》（遁倫とも表記）と太賢《テヒョン》、そして百済出身と知られる義栄《ウィヨン》と憬興《キョンフン》を挙げることができる。まず義栄は、成仏が不可能な存在を想定した新唯識の「五性各別説」を批判し、旧唯識の立場から全ての衆生の成仏可能性を意味する「一切皆成説」を主張した。国老として尊崇された憬興も唯識関係の著作を多数残したが、現在は『無量寿経』と『弥勒経』に対する浄土関連の注釈書だけが伝わる。これに比べて道倫の『瑜伽論記』二四巻は現存するが、ここには唐と新羅の唯識僧侶たちの多様な見解が紹介されている。最後に太賢は、憬興、元暁とともに新羅の三大著述家として知られており、高麗時代に海東法相宗の祖師と追崇されるなど、新羅唯識学を代表する人物である。彼の『成唯識論学記』には円測と窺基（基）の見解が対等に引用されている。これらの新羅の唯識学者たちの思想は、残された著作はもちろん、日本などに伝わる写本や注釈書の引用文を通してその片鱗を窺うことができる。

　華厳学は、『華厳経』に立脚し、存在の相互連関性と仏と衆生の同一性を解明する教学である。真骨貴族出身である義相は六六一年から六七一年まで唐で修学し、中国華厳宗の祖師、智儼に受学し、華厳の要諦を簡略に整理した『華厳一乗法界図《けごんいちじょうほっかいず》』を提出して認定を受けた。彼の同門である法蔵が中国華厳学の理論を体系化し華厳の優越性を明らかにしたものであるならば、義相は華厳の実践修行の方法を提示したものと評価される。義相は帰国後、新羅の首都・慶州ではなく地方に浮石寺《プソクサ》を創建し、そこに住職したが、国王の土地の寄付の提議を拒絶し、初期仏教の教えのまま、僧団の無所有を実践し、下層民も弟子に受け入れるなど無差別の平等を追求した。

　義相の「法界図」は七言三〇句、二一〇字を上下左右に回転しながら読んでいくもので、法の世界を形象化したものである。その内容は、すべての存在が本質的に円融し、部分と全体、衆生と仏が異なるものではないという「一即多、多即一」で要約される。これは差別的な現象世界が、実際には互いに依存しながら、それぞれが現れたものであるため、実相においては全ての差別がない中道として存在していることを看破したものである。義相は華厳教学において存在の縁起と円融を明かした十玄門《じゅうげんもん》、相即相入《そうそくそうにゅう》、六相《ろくそう》などの概念を活用して華厳の世界を「法界図」として表したのである。

義相もまた大衆教化のために阿弥陀信仰と観音信仰とを奨励した。華厳宗の寺院である浮石寺には主尊仏として衆生救済の一乗仏である阿弥陀仏を奉安した。また義相は東海（日本海）の洛山《ナクサン》で観音菩薩の真身を親見したと伝えられるが、観音菩薩は『華厳経』「入法界品」に補陀洛迦山に常住し、求道者を引導する存在として出てくる。義相が著したものと知られる「白花道場発願文」もまた、阿弥陀信仰と観音信仰とを結合した内容で、後代に大きな影響を及ぼした。義相の門徒たちは、以後、義相系と称される一つの学派を形成し、智儼から継承される義相と法蔵の華厳教学を継承し、新羅の仏教教学の主流となった。

3　新羅仏教の代表者　元暁

新羅仏教のみならず韓国仏教を代表する思想家であると同時に、教化僧である元暁（六一七―六八六）は、多様な主題の膨大な著作と独創的・会通的な思想、破格な教化行の実践によりよく知られている。元暁は六頭品出身で現在の慶尚北道・慶山《キョンサン》で出生したが、幼少時の行跡や出家の動機はよくわかっていない。出家後には、中観、唯識など様々な教学を幅広く学び、六五〇年頃、義相とともに留学に旅立ったが、入唐を果たせず高句麗で捕まり帰国した。次いで六六一年に再度、義相の留学に同行して西海の海沿いの道を通って入唐しようとしたが、この時、雨を避けて入った墳墓で、全てのものは心に依ることを悟り一人で帰国した。当時は玄奘の新唯識が大きく脚光を浴びていた時期で、元暁もまた新唯識の学説を直接学ぶために留学を決心したものと知られている。しかし、この当時は唐で刊行された仏書と教学理解の内容が、すぐに新羅に伝わってきたため、あえて留学をしなくとも独自の教学研究が可能であった。

元暁のその後の行跡は、学問にだけ専念する教学僧ではなく、世俗と出世間の境界を超えて当代の時代的な課題を正面から解決しようとする大衆教化の先覚者としての面貌がはっきりと表れる。元暁は太宗武烈王の時、寡婦となった瑤石公主と因縁を結び、新羅の代表的な学者である薛聡《ソルチョン》（六五五―？）をもうけた。薛聡は、当時の韓国語の語順と助詞を生かしながら漢文を新羅式で表記する吏読《りとう》を作った人として有名である。破戒の後、元暁は還俗して居士を自称しながら、破格の教化行を繰り広げた。彼は大衆に直接近寄り、踊りと歌で何にも束縛されない無礙行を説き、阿弥陀の念仏を流行させるなど、衆生救済のために全身を投じた。元暁が、出家者と在家者とを包括する大乗の戒律が記された『梵網経《ぼんもうきょう》』を重視したのも、僧俗の区分を超える自らの実践行と関連があった。

元暁は公主との因縁からわかるように、統一を完遂した新羅王室と力を合わせて民心の安定と民心の慰撫という時代の要請に積極的に協力した。また百済滅亡後、高句麗の首都・平壌で戦争が繰り広げられた六六一年に、元暁が暗号文を解読したことにより新羅軍が危機から脱したという逸話が伝わるなど、元暁と王室および執権層の相互の結びつきは、時代的課題の解決という共通した目標のために行われたことであった。新羅仏教界の主流から破戒僧として排斥されていた元暁は、後に王室の支援により中央の仏教界に進出することができる機会を得た。元暁の『金剛三昧経論《こんごうざんまいきょうろん》』の撰述過程を示す説話によれば、王室で主導した『金剛三昧経』編纂に元暁が抜擢されてそれに対する注釈書を作り、中央仏教界の反発と妨害にもかかわらず、皇龍寺で開かれた百高座会に招聘され、経典に対する講義を担当したという。

元暁は、中観、唯識、法華、華厳から涅槃、浄土、戒律、『大乗起信論』にいたるまで、それまでの仏教教学をほとんど渉猟して体系的に理解し、著作を通して独自の思想体系を構築した。彼の思想は新羅だけでなく中国と日本にも影響を及ぼした。中国華厳宗の法蔵は、元暁の『起信論』理解を参考にして注釈書を書き、澄観（七三八―八三九）や宗密（七八〇―八四一）も一心の体得を重視する華厳学の理論を構築するにあたり元暁の影響を受けた。日本でも奈良時代（七一〇―七九四）南都六宗の各宗派で仏教教学の理解とそれに対する注釈書を撰述する際に元暁の思想に依る場合が多かった。

元暁は生涯を通して一〇〇種に上る膨大な著作を残したが、現在はその一部しか伝わらない。しかし、後代の注釈書に引用された内容や写本などを通してその思想の全貌を類推できる。元暁思想の発展段階は大きく四期に区分できる。第一期は、般若空観と一乗思想の段階で、教化僧である恵空と大安の影響を受けて空観を修学し、百済から来た高句麗僧侶・普徳のもとで『涅槃経』を学び、全ての衆生が成仏できるという一乗の教えを体得したという。第二期は、唯識思想の段階で、元暁は全一四種九〇余巻にのぼる唯識関連の著作を残した。これは当時流行していた新唯識の五性各別説が一乗思想に相反するために、それを論理的に克服するための探索の過程であった。

第三期は『大乗起信論』思想の段階で、『起信論』では一心を、変わることのない本体としての真如門《しんにょもん》と、因縁にしたがって起きる現象的な生滅門《しょうめつもん》の二つの側面に分け、全ての存在は一心の発現であると説く。元暁はこれに対して、真如門を空と一乗によって説明し、生滅門を有と三乗の側面から理解し、両者の論理的統合を志向した。彼が書いた『大乗起信論別記《だいじょうきしんろんべっき》』では、『起信論』こそが全ての論書の中の最高であり、様々な論争を克服できる主因であるといい、大乗の核心思想である一乗を説いた論書であると同時に、全ての仏教理論を総合する思想と見たのであった。一方、『金剛三昧経論《こんごうざんまいきょうろん》』では、差別のない絶対の真理である一心を体得する「一味観行」の修行法を説き、一心に対する実践的理解を追求した。元暁は『起信論』の一心を通して一乗と三乗、空観と唯識、差別と無差別を包括しながら、二分法的な思考を超える論理を開陳したのである。

第四期は、和諍《わじょう》思想の段階で、元暁は『十門和諍論《じゅうもんわじょうろん》』で空と有、一切皆成と五性各別、我と無我、不変と随縁のような様々な対立的な概念は、実際には同一の真理を異なる次元でそれぞれ異なって説明しただけのことであり、真理の本当の姿を知るためには、ある一方の言語的な概念に偏ったり、束縛されてはいけないと主張した。さらに元暁は、『華厳経疏《けごんきょうしょ》』で、差別的な現象存在が実際には円融無礙であるという華厳一乗の世界を強調した。そこには、元暁の独自の見方が盛り込まれた統合的な四教判説が提示されているが、全ての衆生の成仏の可能性を認める一乗を、機根にしたがった区分である三乗に比べて高い段階に配当した。すなわち三乗を対象とする初期仏教と部派仏教の教えを三乗別教、法空を説く般若系統の中観思想と唯識の『解深密経』などを三乗通教、大乗菩薩戒を説いた『梵網経』のような実践的性格の経典と『起信論』などを一乗分教、円融無礙を説いた『華厳経』のように差別のない一乗の円満の教えを一乗満教と段階化して区分したのである。

4 統一新羅後期の仏教

八世紀後半、恵恭王《ヘゴンワン》（七六五―七八〇在位）代に中代の王室が幕を下ろし、以後一五〇年間の新羅は王位の紛争とともに激しい社会的混乱を経ることになる。この新羅下代には、各地で独自の政治勢力が登場し、以後、後三国の対立を経た末に、一〇世紀前半、高麗（九一八―一三九二）の建国につながった。地方土豪勢力の伸長と地域別の圏域化は、政治・社会的な変動をもたらし、これは仏教界にも影響を及ぼした。当時、唐から新たに導入された禅宗が、各地域で勢力圏を形成しながら、教学中心の中央の仏教界と路線を異にする新たな思想的流れが現れた。統一新羅の仏教は、華厳、唯識などを中心として水準の高い教学が出、多くの思想家を輩出した。しかし、新羅下代に入ると教学研究の沈滞が目立つようになった。代わりに実践修行を重視する禅宗が地域の有力者の後援を受けて浮上し、影響力を拡大し、真表に代表される占察戒法と弥勒信仰も盛行した。

統一新羅後期の仏教思想と信仰の展開においてもう一つ注目される点は、密教が導入され流行した事実である。密教の初期的な伝来はすでに七世紀から確認されるが、善徳女王（六三二—六四七在位）の時、治病の霊験力を示した密本《ミルボン》、唐の新羅攻撃の知らせに密教儀式である文豆婁秘法を使って敵軍の退治を祈願した明朗《ミョンナン》、唐の無畏三蔵に秘法を学んで帰国し、治病などを行ったという恵通《ヘトン》の不思議な行跡が記録に伝わる。このほか八世紀に中国で密教の理論を体系的に学んで帰国した不可思議《プルガサウィ》が新羅密教の実質的な開祖であり、インド求法旅行記である『往五天竺国伝《おうごてんじくこくでん》』を著した新羅出身の慧超《ヘチョ》も密教の僧侶であるという説がある。こうした密教の継承の事実は高麗時代の持念業という名称、朝鮮初期の神印宗と摠持宗の二つの宗派の存在から確認できる。

禅宗は、八世紀以前にすでに伝来したものと見られ、また八世紀中盤に神行《シネン》が中国で北宗禅を学び帰国後に弟子たちを養成したが、公的な禅宗の導入は道義《トウィ》によるものであった。道義は六祖慧能（六三八—七一三）の南宗禅の正脈を継いだ馬祖道一（七〇九—七八八）の弟子・西堂《さいどう》智蔵《ちぞう》（七三五—八一四）に修学して正式な印可を得て、八二一年に帰国した。道義は馬祖道一の弟子であると同時に『百丈清規』を著した百丈懐海（七四九—八一四）の教えも学んだが、懐海は道義に対して「江西（馬祖道一）の禅脈が東国の僧侶に行ってしまう」と高く評価したという。しかし、帰国後、道義は教宗中心の当時の中央の仏教界から排斥され、禅宗は「魔語」と批判された。そこで道義は江原道の陳田寺《チンジョンサ》に隠居しながら後学を養成したという。以後、九世紀の中葉には馬祖道一の系統で学んだ留学僧たちが大挙して帰国し新羅で南宗禅が大きく盛行した。中国の禅宗の主流系統から最新の禅を修学してきた禅師たちの影響力と比重が高まると、各地域の政治勢力はもちろん、王室にも彼らを後援しながら多くの禅宗の山門と寺院が開創された。

新羅禅宗の特徴としては、教学の中心であった華厳思想をもとに新たに禅宗を受容した点を挙げることができる。中国に留学し新たに禅を受容した禅僧たちの中には、新羅で華厳を学んでいた者たちが多く、彼らが帰国して創建した寺院には、本尊仏として華厳の主仏である毘盧遮那仏が主に奉安された。ただ、これら禅僧たちは、禅を受容しつつ当時の新羅の華厳に対して辛辣な批判を加えた。このように禅宗が浮上して教界での影響力が大きくなり、華厳に対する批判が強まるにつれ、九世紀末になると華厳宗では、歴代の祖師の著作を講読し祖師に対する顕彰を強化し、教団を結束させて結社組織や教学の再整備を図る努力も行われた。

一方、新羅下代には、風水地理の理論が中国に留学した禅僧たちにより導入され流行したが、禅僧たちは中国と新羅で各地を遊歴しながら地理に対する経験的知識と直感を積むことができた。韓国の風水地理の開祖として知られた道詵《トソン》（八二七―八九八）も、この時期に活動した人物であり、彼は王建《ワンゴン》（八七七―九四三）による高麗の開創を予言したといい、寺院と塔が国土の安定を保証する役割をするという裨補寺塔説《ひほじとうせつ》を提起して、以後、高麗時代の仏教認識の重要な指針となった。風水地理説は、国土の均衡的発展と地域ごとの特性を浮上させたもので、特に各地域の権力者たちは禅僧と連携し、これを政治的に活用することもあった。

この時期には寺院経済にも変化が現れた。八世紀中盤以後、新羅の寺院の中に大規模な土地、すなわち田荘を保有するところが増加した。国家が長生標を設置して、寺院の土地保有、および租税免除などの特権を認定する場合もあったが、大部分の寺院は様々な地域に土地が散在していた。九世紀に入って地方寺院が増加し、これら地方寺院の土地も拡大した。当時、莫大な田荘で有名な寺院は海印寺《ヘインサ》であり、禅宗の寺院である鳳巌寺《ポンアムサ》、大安寺《テアンサ》なども、その規模が膨大であった。九世紀後半には、寺院が直接、土地の売買を行うこともあり、新羅末の寺院は王室や貴族とともに田荘の運営主体としての役割を行使した。

このように統一新羅の後期には、禅宗が受容され、王室の後援も受けたが、主として新たに浮上した地方勢力の支持を受けて地域次元の結合が行われた。禅宗の主要な山門と寺院が慶州以外の地方に建立され、禅師たちの出身もまた大概地方の土豪勢力と関連がある点から、禅宗の台頭と拡散は、新羅下代の地方勢力の成長や地域社会の発展と密接な関連がある。また、禅師たちを通して流行するようになった風水地理の理論は、国土に対する認識を既存の中央中心から地域中心へと変え、これは地方勢力の成長に大きく寄与した。それまでの新羅中心的な観点から見る時、西海岸の辺境にすぎなかった開城《ケソン》地域は、このような観念の変化の中で国土の新たな中心地として認識されるようになった。新羅下代に導入された禅宗と風水地理説は、新羅中代以来、六頭品を中心とした儒学者たちの成長とともに、新たに中世社会を開き牽引する思想的な基盤となった。このような背景の下で九一八年に建国し後三国を統一した高麗の政治と社会、思想と文化は、儒教、仏教、風水説を中心軸として展開した。また新たに台頭した禅宗と、それに刺激を受けて変化を模索した華厳を中心とする教学仏教は、これ以後、韓国仏教を率いる二つの側面として葛藤と相生を経て互いに共存した。

Ⅲ　高麗時代――仏教の隆盛と禅・教宗の共存

1　高麗仏教の多様なすがた

高麗《コリョ》（九一八―一三九二）は統一新羅に次いで仏教を国家次元で重視したが、政治は儒教で行うことを明確にして政治から仏教を分離した。しかし儒教と仏教とは鳥の両翼のごとく共存する関係であり、仏教教団や僧侶が直接、政治に参与することはなかったが、仏教の社会的、政治的機能は国家運営で重要な部分を占めた。高麗時代には仏教の社会的な影響力が極めて大きく、その範囲が大きく広がり、国王と貴族はもちろん一般民と賤民にいたるまで全階層にわたって仏教を信仰した。教団は官僚体制と同一の方式で、国家により管理され、王族や門閥貴族出身の高僧たちが多数輩出し、大蔵経の造成など、多くの仏書の集成と刊行がなされ、仏教を通して文化国家の誇りを維持した。高麗仏教では、統一新羅末に伝来した禅宗が宗派として成立し、また高麗中期に禅宗の一つとして天台宗が開創されて、華厳宗、法相宗のような教宗の宗団と共存し、さらに後期には禅宗が仏教界の主流として浮上した。

高麗の歴代の国王たちは基本的に崇仏君主であったが、崇仏を基本としながらも仏教教団の拡大や政治勢力化は警戒した。すなわち崇仏と統制は、高麗時代を貫く国家と仏教との間の基本構図であった。そのような傾向は太祖王建（九一八―九四三在位）から始まった。後三国を統一し高麗を建国した太祖は、後百済地域に開泰寺《ケテサ》を創建し、戦争の勝利が仏と神霊の恩徳であり、仏法の助けにより国家の安定と発展を祈願するという発願文を作った。また後代の国王たちの国政運営の基本指針となった「訓要十条」では、仏教国家としての方向性を提示した。ここでは仏法を崇尚することと、寺を造り地気を補完する裨補寺院を保護すること、燃灯会と八関会を遵守することなど、仏教を国家運営に積極的に活用する方策とともに、寺院の過度な造営を禁止するなど、教団および寺院の肥大化、権力との結託も同時に警戒した。

太祖以来、国家儀礼として国王の主導のもと毎年盛大に行われた燃灯会と八関会は、高麗の「仏教国家」としての性格をよく示す儀式であった。灯をともし、音楽と舞、演劇を行う燃灯会は、主に二月一五日に首都の開京《ケギョン》と地方の中心地で同時に開催された。二日間にわたり行われた燃灯会は、仏教行事であると同時に高麗を建国した太祖王建を称える国家儀礼であった。

高麗時代の燃灯会では、開京の奉恩寺《ポンウンサ》にある太祖の真殿で国王が直接祭祀を行う儀式が最も重要であったが、これは高麗国王の権威と正統性を確認し誇示する行事でもあった。八関会は西京、すなわち高麗がその継承を標榜した高句麗の首都であった平壌においては一〇月一五日、開京では一一月一五日に開催された。この八関会は、伝統的な名山大川と龍神などに対する祭祀、祭天儀式、および仏教儀礼が結合した行事であり、高麗と高麗国王の地位を内外に闡明し、儀礼を通して国王を頂点とする国家体系と君臣間の位階を再確認する場でもあった。皇帝の格式を備えて行われた八関会は、地方官吏と外国の商人、および使節団などが、高麗の国王に祝賀の文（賀表）を捧げ、下賜品を受ける大宴会が最も重要な儀式であった。燃灯会は開催日が調整される場合もあったが、八関会は戦争などで一時的に中断せざるをえなかった場合を除いては開催日が必ず守られていたほど、最も重要な国家儀礼であった。

高麗では様々な階層で仏教を信仰し後援した。特に国王と王室は一万名にのぼる僧侶を呼んで供養する大規模な飯僧の行事を頻繁に開催し、個人別の願刹を持ち国王と王妃の肖像を安置して祭祀を行う真殿が寺院に設置された。また大覚国師《テガククサ》義天《ウイチョン》（一〇五五―一一〇一）のような王族出身の僧侶が登場し、高位貴族の子弟の中からも出家者が増加し、僧侶たちの社会的な地位もまた高まっていった。貴族層と官僚たちも仏教を信仰し、引退の後に寺院で余生を送ったり、火葬、納骨のような仏教式の葬礼を行う事例も少なくなかった。

また在家仏者である居士として信仰はもちろん教学の研究と修行に尽力した者たちも多くいた。代表的な門閥貴族である李資玄《イジャヒョン》（一〇六一―一一二五）は、春川《チュンチョン》地域の寺院に隠居して自ら清平居士《チョンピョンコサ》と称し、『楞厳経《りょうごんきょう》』に基づいた禅修行を行ったが、高僧の坦然《タニョン》（一〇七〇―一一五九）が彼に修学するなど、理論的、実践的に高い境地に至った。名将の尹瓘《ユングワン》（？―一一一一）の息子・尹彦頤《ユンオニ》（一〇九〇―一一四九）も号を金剛居士《クムガンコサ》といい参禅に専念した。また子供の中、息子を一人出家させるという慣行も存在した。一般民衆も、土着信仰とともに大概、仏教を信仰し、地域の中心寺院を求心点とした信仰結社共同体である香徒が組織されることもあった。

高麗時代の仏教の最も特徴的な姿は教団の運営体制に表れている。一般の官僚体制と同じ構造の僧政制度を運営することにより、政治と宗教の二元体制を構築した。国家の教団管理部署として設置された僧録司《スンノクサ》で僧籍を管理し、王命により高位の僧侶の塔碑の建立、寺院や僧侶の関連文書の処理など、僧政と関連した業務を担当した。また官僚の選抜試験である科挙制とともに、学識を持った僧侶を選抜する僧科制を運営した。僧科は、教宗と禅宗とに分かれて宗派別に行われたが、僧科に合格した僧侶には僧階を授与し、僧階にしたがって僧職を与えた。主要な寺院の住持に任命されるためには必ず僧階が必要であった。僧階は僧科に合格した後、大徳―大師―重大師―三重大師の順で上がり、その後は教宗の場合は首座―僧統、禅宗の場合は禅師―大禅師の僧階を受けた。このように僧科を通して教団を主導する高位僧侶たちが輩出されたが、僧階および僧職の授与のような人事と担当官署、待遇と処罰などの諸般の規定は、一般の官僚体制と同一に適用された。

一方、高麗は王師と国師の制度を施行したが、この中の王師は中国にはなく高麗にだけある独特な地位であった。王師と国師は、国王の師として国王から礼遇を受け、高麗の精神的、宗教的な師として機能した。これは国王が政治と宗教とを共に管轄する二元体制において、仏教界の高僧を名目上、国王の上位に置き、仏教教団の政治的自立と独立性を象徴的に容認しながらも、王師と国師の最終任命権を国王が行使することにより、結局、仏教教団を王権の下に置いたものであった。

仏教国家としての高麗の姿を示す代表的な象徴物は、二度にわたり集成、刊行された大蔵経である。最初に作られた初雕大蔵経《しょちょうだいぞうきょう》は一〇一一年、契丹《きったん》の侵攻を退けるための発願に始まり、一〇二九年に第一次に完成されたものと見られる。これは九七一年に作られた東アジア最初の漢文の大蔵経である宋（九六〇―一二七九）の開宝蔵《かいほうぞう》をモデルとしたが、開宝蔵は唐（六一八―九〇七）代の仏典目録である『開元釈教録』に依拠して、当時、収集可能な一〇七八種五〇四八巻を集成したものであった。しかし初雕大蔵経はそれだけでなく、契丹が建てた遼（九一六―一一二五）の大蔵経を輸入し、一〇六三年から一〇八七年まで新たな経典を追加で板刻し、全六千余巻にのぼる膨大な量として完成した。当時、宋と遼は敵対関係であり、書籍の交流が禁止された状況で、高麗は双方の仏書を入手して集成し流通させたのである。東アジア世界において高麗の大蔵経造成は、仏教典籍の大々的な流通と拡散とを可能にした一大事業であった。これは仏教国家としての高麗の文化的な自尊心と力量を誇示したものであり、それ以後、経典導入を目的とした中国留学が減り、中国の大蔵経に、それ以上依存しなくともよくなったのである。

一方、大覚国師義天（一〇五五—一一〇二）が、宋から論疏三〇〇〇余巻を収集して帰国した後、遼、日本の文献を追加し、高麗にあった論疏を集めて教蔵を新たに刊行した。教蔵とは経、律、論からなる大蔵経とは異なり、注釈書である論疏だけを集めたもので、大蔵経に対する解説書の意味を持つ。このように東アジアにおいて論疏だけを集めて集大成したものは義天の教蔵刊行が最初であり、これは当時、高麗仏教の教学理解が相当な水準に到達していたことを示す。義天は興王寺《フンワンサ》に教蔵都監を設置してこれを刊行したが、唯識学関連の注釈書が多かったために多数の法相宗の僧侶たちが作業に参与した。この時に作った教蔵の目録である『新編《しんぺん》諸宗教蔵総録《しょしゅうきょうぞうそうろく》』が現存するが、それは全三巻からなり一〇一〇種四八五〇余巻の題目が記録されている。これを通して当時東アジアで流通していた仏教の注釈書の現況を把握できる。教蔵に入った義天の著述の中では、華厳宗の文献を抜粋した『円宗文類《えんじゅうもんるい》』二二巻の中の三巻、僧侶の碑文を集めた『釈苑詞林《しゃくおんしりん》』二五〇巻の中、五巻が現在伝わっている。

二番目に作られた再雕大蔵経《さいちょうだいぞうきょう》は、二〇〇七年、ユネスコ世界記録遺産に登録された海印寺の高麗大蔵経板を指す。世界帝国として膨張していたモンゴルの侵入を受け、一二三二年に高麗政府は江華島《カンファド》へ遷都したが、高麗の全土を蹂躙していたモンゴル軍により符仁寺《プインサ》に保管されていた初雕大蔵経の版木が消失した。そこで一二三七年から大蔵経の造成作業が再び始まった。当時、文人官僚であった李奎報《イギュポ》（一一六八―一二四一）が著した「大蔵刻板君臣祈告文」では、初雕大蔵経の消失と再雕大蔵経の板刻に対して、「大きな宝が失われたので国王と官僚たちが誓願を立てて仕事を始める。仏の神通力で夷狄を追い出し、戦争を終わらせてくれることと、国の平安と国運の維持とを祈願する」という内容が込められている。大蔵経の板刻を担当した大蔵都監の本司は政府があった江華島《カンファド》に置かれて計画の樹立と推進を総括し、南海《ナメ》には分司が設置され、ここを中心として実際の板刻作業が進められた。南海はモンゴル軍の侵略から安全な場所であったため、木材の調達と板刻作業に便利であり、当時の武人執権者である崔氏一族の経済的な基盤が近隣の晋州《チンジュ》であったため資金調達も容易であった。

　再雕大蔵経は一二五一年に完成したが、全一四九六種六五六八巻に達し、経板の数は八一一三七枚で、このために八万大蔵経とも呼ばれる。その目録の作成および内容の校勘は、華厳宗の僧統である守其《スギ》が主導したが、これは現在でもほぼ完全な内容と校正とで知られる。守其の校正の内容を詳細に記した『校正別録《こうせいべつろく》』は、底本とした宋本と遼本、高麗の初雕大蔵経などを比較し、異なる部分を校勘して記録したものである。これは現在、一部しか伝わらない契丹蔵《きったんぞう》を理解するのに重要な資料として活用されている。再雕大蔵経は、朝鮮時代の初めに現在の所蔵場所である海印寺に移され、世界文化遺産に指定された蔵経板殿に奉安された。この大蔵経は原形が完全に保存され、内容の正確度が高く、二〇世紀前半に日本で作られ世界の学界の標準となっている大正新脩大蔵経《たいしょうしんしゅうだいぞうきょう》の主要な底本となった。また名前だけ伝わる主要経典の中、高麗再雕大蔵経で、その正体が確認されたものもあり、近代以後の仏教学研究でその価値を認められている。

このように高麗は、国家の危機的な状況においても仏教の記録文化の真髄である大蔵経を作成し、仏書の流通とともに東アジア仏教の発展に大きく寄与し、仏教国家としての高い位置と文化的な誇りを内外に誇示した。また二度にわたり製作された高麗大蔵経は、高麗社会で仏教が占めていた位置と役割を象徴的に示す事例である。

2　禅宗と教宗の展開

高麗時代の仏教教団は、前期には教宗が優勢であり、後期には禅宗が主導権を握ったが、全体的に禅と教が並立して発展した。高麗時代、教宗は華厳宗と法相宗が二大勢力をなしたが、王室と門閥貴族の後援の下で成長しながら発展した。高麗時代の禅宗の展開は、時代順に、九山禅門の成立および法眼宗の受容、天台宗の開創と曹渓宗の隆盛、臨済宗、看話禅の受容で特徴づけられる。

教宗は、華厳宗と法相宗の二大宗派が主軸になった。華厳宗は、統一新羅時代から義相の系統を中心として教学的な成果とともに仏教界の主流勢力としての位置を確保したが、統一新羅時代の九世紀前半から本格的に導入された禅宗が浮上するにつれて委縮した。加えて華厳宗は後三国が争った一〇世紀初に王建（八七七―九四三）を支持する北岳派と後百済の甄萱（八六七―九三六）を後援する南岳派とに分かれて互いに対立した。その後、高麗時代初めの均如《キュニョ》（九二三―九七三）が南北岳の分裂を克服し、光宗《クァンジョン》（九四九―九七五在位）の支援を受けて活動しながら、中央仏教界で華厳宗が主要宗派としての位置を再び回復するようになった。均如は義相系の華厳学を継承しながら華厳教学を再検討したが、中国華厳宗の智儼（六〇二―六六八）と法蔵（六四三―七一二）の教学に基づいて華厳一乗の絶対的な優越性を宣揚した。また華厳宗の教理体系を完成し、高麗前期の華厳教学の発展の契機を整えた。これは当時の禅宗勢力の台頭を意識したものであり、彼の性相融会《しょうぞうゆうえ》的な思想と華厳優位の教学は、新たに開設された僧科試験の評価基準となった。さらに均如は華厳神衆信仰と普賢信仰を重視し、五尺観法を行ずるなど、理論研究だけでなく、実践にも努めた。

以後、華厳宗では前述した大覚国師義天が出て仏教界を主導しながら、東アジア次元での仏教典籍の刊行と流通に大きな業績を残した。義天は文宗《ムンジョン》（一〇四六―一〇八三在位）の第四王子であり、一一歳のとき華厳宗で出家した。一三歳のとき教宗の最高の僧階である僧統を務めたが、これは王子という身分的特権によるものであった。以後、華厳宗は王室と密接な関連を結ぶようになった。義天は、当時高麗と国交が断絶していた宋に行き、一四か月間の滞在を通して宋の華厳宗の中興者である晋水浄源《しんすいじょうげん》（一〇一一―一〇八八）に華厳学を学んだ。義天と浄源は仏教典籍を互いにやりとりしたが、唐末の廃仏と五代（九〇七―九七八）の戦乱により中国で失われた仏書を義天が伝え、中国で仏書刊行と華厳学などの教学研究が活発になる契機となった。反対に義天は、浄源が中国華厳宗の澄観（七三八―八三九）の『華厳経疏』に注解を加え『華厳経』と一緒に合本して刊行した『華厳経疏』などをもたらし、高麗の華厳学発展に寄与した。

義天は教観兼修《きょうかんけんしゅう》を強調し、教学とあわせて心性の本来の姿を体得する観行を重視したが、これは一心の体得を強調した澄観の影響であった。当時、宋の仏教は禅宗を中心として、浄土、華厳、天台、『大乗起信論』、『楞厳経』などが盛行するなど、融合的、包括的な性格を持っていたが、これには澄観とその弟子の宗密の思想的影響力が大きい。義天も宋に留学した後、このような時代思想的な影響を受けて、華厳別教一乗を強調し華厳の優位を主張していた法蔵と均如に対しては批判的であり、澄観の教観兼行、および包容的な華厳思想を継承した。また義天は新羅の義相と元暁を重視したが、特に華厳学や会通思想のような元暁の教学的な成果を強調、宣揚した。ただ一方では、教学をおろそかにする禅宗には批判的であり、宗密が主唱した禅教一致は受容しなかった。これと関連して義天は華厳九祖説を主唱したが、これは馬鳴―龍樹―杜順―智儼―法蔵―澄観―宗密と続く晋水浄源の七祖説に、天親（世親）、仏陀、光統慧《こうずえ》光《こう》を追加し、宗密を除いたものである。宗密を除外した事実も注目されるが、華厳教学の成立と発展に影響を及ぼした地論学系統の祖師を重視したという点で、義天、または高麗の華厳学界の伝統認識が持つ独自な特徴を発見できる。

法相宗は唯識学に基盤を置いた宗派で、唯識学はインドの瑜伽行派の祖師マイトレーヤ(Maitreya, 弥勒) から始まり、祖師は未来仏の弥勒仏と名前が同じであり、その化身として崇められた。よって高麗の法相宗の信仰は、弥勒信仰を基本とし、同時に統一新羅末の真表《チンピョ》の系統の占察信仰も継承した。特に釈沖《ソクチュン》が、真表が弥勒から直接受けたと伝わる占察簡子を高麗太祖の王建に捧げ、その後援を受けながら宗派的な成長の端緒を開いた。

法相宗が仏教界の主要な教団として位置を持つようになったのは、穆宗《モクチョン》（九九七―一〇〇九在位）が願刹として崇教寺《スンギョサ》を創建し、次の王・顕宗《ヒョンジョン》（一〇〇九―一〇三一在位）が玄化寺《ヒョンファサ》を建て、法相宗僧侶を住持に任命してからであった。顕宗は、父母が恥ずべきことで殺された後、母方のおじである成宗《ソンジョン》（九八一―九九七在位）の配慮により宮廷で暮らしたが、息子の穆宗を王にしようとしていた千秋太后《チョンチュテフ》（九六四―一〇二九）の迫害を避け崇教寺で出家した。千秋太后による暗殺の陰謀から逃れた顕宗は、穆宗に次いで国王となり、父母の冥福を祈り、願刹として玄化寺を創建したのである。玄化寺には宋から輸入した大蔵経を奉安し、仏の舎利を安置して、法相宗の宗刹の位置を持つようになった。このように、法相宗は王室の後援を受けて主要宗派として急浮上し、確固とした地位を占めるようになった。

一方、高麗の最高の門閥貴族の一族である仁州《インジュ》の李氏出身であるとともに文宗（一〇四六―一〇八三在位）の妃の兄弟の韶顕《ソヒョン》（一〇三八―一〇九六）が僧科に合格した後、法相宗の要職を務めることで法相宗は一層発展した。韶顕は金山寺《クムサンサ》に広教院を設置し、唯識学の文献三二種三五三巻を刊行し、中国の法相宗の祖師・玄奘と基の像を奉安した。また、玄化寺には海東法相宗の祖師六人の像を奉安したが、その六人には新羅唯識学の巨頭である太賢とともに元暁が含まれた。当時、文宗は五番目の王子の規を韶顕のもとで出家させ、華厳宗に次いで法相宗教団も王室が主導しようとしたが、規が反逆に連座した後は王室と法相宗の関係は続かなかった。代りに文宗は自分の真殿寺院として華厳宗の本山格である興王寺《フンワンサ》を創建し、以後、華厳宗と王室との関係は持続した。以後も法相宗は仁州の李氏の出身僧侶が教団を率いながら、多くの政治的な浮沈を経ながら一二世紀中盤以後には勢力が大きく委縮した。

禅宗は八世紀後半から九世紀前半に導入されて定着した後、地方の各山門を中心に発展し、高麗初に様々な流派の整理が行われ、主要な流派を中心とした九山禅門《クサンソンムン》が成立した。禅宗に対する後援には、地方の豪族勢力だけでなく、開京地方に有力な豪族的な基盤を持っていた高麗王室も積極的であった。すなわち統一新羅末期の混乱と戦争を経て新たに開創された高麗の国王たちは、中央と地方勢力とを連結させ、社会的統合を行う際に禅宗を積極的に活用した。九山禅門は高麗第四代国王の光宗（九四九―九七五在位）代を前後して確立されたものと見られるが、成立順序にしたがい、道義（八世紀後半―九世紀中盤）の迦智山門《カチサンムン》、道憲《トホン》（八二四―八八二）の曦陽山門《ヒヤンサンムン》、洪陟《ホンチョク》（九世紀前半に活動）の実相山門《シルサンサンムン》、恵哲《ヘチョル》（七八五―八六一）の桐裏山門《トンニサンムン》、玄昱《ヒョヌク》（七八八―八六九）の鳳林山門《ポンニムサンムン》、無染《ムヨム》（八〇一―八八八）の聖住山門《ソンジュサンムン》、梵日《ポミル》（八一〇―八八九）の闍崛山門《サグルサンムン》、道允《トユン》（七九八―八六八）の師子山門《サジャサンムン》、利厳《イオム》（八七〇―九三六）の須弥山門《スミサンムン》があった。

高麗時代の禅宗は、臨済宗、曹洞宗のような禅の気風の違いから五宗に分かれた中国とは異なり、師匠と弟子との間の人的な師承を基準として山門の伝統が形成された。例えば、曦陽山門の開祖として崇められる道憲は北宗禅を掲げたが、その孫弟子の兢譲《クンヤン》（八七八―九五六）は南宗禅を宣揚したことからわかるように、系譜の中で禅風が互いに異なる場合もあった。高麗中期には九山禅門をまとめて「禅寂宗」と記した記録が伝わり、義天により天台宗が開創された後、国家により天台宗が禅宗に分類されると、これと区分するために既存の禅宗は自らを曹渓宗と通称することもあった。

一方、高麗時代には中国禅宗の五家の禅風が流入したが、その中の法眼宗《ほうげんしゅう》が最初に伝来した。法眼宗は、高麗第四代国王の光宗が禅僧たちを選抜して中国に留学させて導入したものであったが、当時は政治的な統合とともに、乱立した教団の統合が時代的な課題であった。光宗は、南岳と北岳とに分かれて対立していた華厳宗に対しては均如を立てて対立を解消しようとし、様々な山門が乱立していた禅宗は、法眼宗を中心として統合しようとした。『宗鏡録』を著した法眼宗第三祖の永明延寿（九〇四―九七五）の禅教一致思想、禅と浄土の兼修の主張からもわかるように、法眼宗は禅宗でありながらも教学などを併せる総合的な性格を持っていた。すなわち仏教思想と教団統合という時代的な課題を解決するために法眼宗の導入が政策的に推進されたのであった。光宗の死後、法眼宗は中央の宗派として成立はしなかったが、禅宗の大きな枠組みの中で宗風を振い、義天が天台宗を開創する際には重要な人的基盤となった。

高麗中期には中国の宋で流行していた公案禅が伝来したが、国師を歴任した曇真《タムジン》（一一世紀後半―一二世紀前半）が公案を理論的に探究する文字禅を修学し、弟子の坦然《タニョン》（一〇七〇―一一五九）は臨済宗の継承を自負した。公案禅は、臨済宗の看話禅《かんなぜん》の前段階であり、心性の問題を扱った『楞厳経』、『起信論』などが流行し居士仏教が盛行した宋代の時代背景の中で出てきたものであった。高麗でも門閥貴族の間に居士仏教と公案禅が大きな影響を及ぼし、後期には臨済宗の看話禅風が導入され、禅宗の主流となった。一方、曹洞宗の禅風も高麗に流入し、高麗末と朝鮮初までは注釈書が著されるなど一定の影響を及ぼした。

高麗前期には華厳宗、法相宗とともに禅宗が三大教団体制であったが、義天が天台宗を建てた一二世紀からは四大教団体制が成立した。法華天台思想は、統一新羅以前から伝来し研究されていたが、光宗代には、高麗に伝来していた天台学の典籍を中国の呉越に送ったことを契機として宋代に天台宗が復興した。高麗の僧侶・義通《ウィトン》（九二七―九八八）は、中国天台宗の一六代祖師となり、諦観《チェグワン》（?―九七〇）は天台教判を整理した天台学の入門書『天台四教儀《てんだいしきょうぎ》』を作り、中国はもちろん、日本にまで大きな影響を及ぼしたが、当時、高麗では宗派としての天台宗は成立しなかった。高麗の天台宗の設立は、一〇九七年、義天の母后である仁睿王后《イネワンフ》と兄・粛宗《スクチョン》（一〇九五―一一〇五在位）の後援により行われた国清寺《ククチョンサ》の創建が契機となった。それまで華厳宗、法相宗、禅宗でそれぞれ行われていた僧科に天台宗の僧科が追加され、王室の後援により中央教団としての位置を占めることができた。

義天は宋に留学に行った時、華厳学だけでなく天台学を学び、中国天台宗の開祖である天台智顗（五三八―五九七）の塔を参拝した後、故国に帰って天台宗を広めることを誓った。これは天台宗の教観兼修の教えに共感したためであり、彼は理論の探究と参禅の一方に偏ることを警戒し批判し、均如の系統の華厳とともに、当時の禅宗を激しく批判した。義天は、とりわけ禅宗に対しては批判的であり、天台宗の創設には禅宗改革という意図が反映されていた。義天は、天台宗に法眼宗系統を含めた既存の禅宗僧侶たちを包摂し所属させたが、当時の禅宗を代表する人物であった迦智山門の学一《ハギル》(一〇五二―一一四四)は義天の懐柔を拒否し、禅と教とが混じり合うことに反対した。義天と粛宗の死後、既存の禅宗が再び勢力を回復し、天台宗内で義天の系統は弱まったが、元来、教学仏教である天台宗が高麗では引き続き禅宗と認識されながら高麗末まで存続した。

3　高麗後期の仏教界の変化

文官に比べあまりに低い処遇を受け、不満を抱いてきた武臣たちが一一七〇年、軍事クーデターを起こして武臣政権が成立した。以後、約一〇〇余年間続いた武臣執権期には、武人たち内部の葛藤の中で武臣執権者の目まぐるしい交替と王権の弱化、門閥貴族出身の文人官僚層の勢力の委縮など、政治的、社会的な混乱が続いた。すなわち人事権、財政権、軍事力を基盤とした国家の公権力が特定の武臣勢力の私的な専横下に置かれた状況で、それまで特権を享受していた門閥貴族はもちろん、農民、賤民など、全階層を網羅して全国的に民乱が頻繁に発生した。王室はもちろん、門閥貴族勢力と密着していた中央の仏教界も武臣政権に反発して決起し、その結果、開京中心の教宗教団が急速に衰退した。これは開京の禅宗寺院も同様であったが、代りに地方から起こった結社が自律的な運営と組織的な実践修行とを通して仏教革新の新たな代案として登場し、徐々に中央から地方へ、教宗から禅宗へと、教団の主導権が移った。また儒学を学んだ知識人層の僧侶たちが積極的に参与した点も、当時の結社仏教の特徴である。

この時期の仏教界の変化を示す代表的な僧侶が、定慧結社を組織した普照知訥《ポジョチヌル》（一一五八―一二一〇）である。彼は闍崛山門出身の禅宗僧侶であり、僧科に合格した後、中央仏教界の雰囲気に大きく失望し、批判しながら地方に下った。最初に八公山《パルゴンサン》の居祖庵で、禅定と智慧とをともに修することを標榜した「勧修定慧《かんしゅじょうえ》結社文《けっしゃもん》」を作り、禅僧と教学僧、在家信徒を全て包括する修行結社を組織した。以後、智異山《チイサン》の上無住庵で看話禅の主唱者である宋の大慧《だいえ》宗杲《そうこう》（一〇八九―一一六三）の語録を見て悟りを得、一二〇〇年に全羅道昇州《スンジュ》の松広山吉祥寺《ソングァンサンキルサンサ》に移って結社運動を持続した。以後、知訥と彼の結社運動が広く知られるようになると、王命により山と寺の名前が曹渓山《チョゲサン》、修禅社《スソンサ》（現在の松広寺）と改称された。

知訥は、中国禅宗の実質的な開創者である六祖慧能の『六祖壇経』と、李通玄（六三五―七三〇）が著した『新華厳経論』、大慧宗杲の『大慧語録』によりそれぞれ悟りを得たという。彼の修行法は、惺寂等持門《せいじゃくとうじもん》、円頓信解門《えんどんしんげもん》、看話徑截門《かんなけいせつもん》の三門体系に要約される。惺寂等持門は、禅定と智慧をともに修する定慧双修の意味であり、円頓信解門は、衆生が本来、成仏した存在であるから自分が仏であることを直指し実践しようという内容である。看話徑截門は、修行の最終段階であるとともに、最も優れた修行法として看話禅を立てたのである。これはそれぞれ六祖慧能の南宗禅、李通玄の実践的な華厳論、大慧宗杲の話頭を参究する看話禅を受容し、自分なりの修行方法を体系的に提示したものであった。知訥の思想および修行法の最大の特徴は、まず自分が仏であることを悟り、それを実践しようという頓悟漸修《とんごぜんしゅう》の考え方、華厳教学を受容した禅教融合の方向、看話禅修行の導入であった。

普照知訥の弟子であり修禅社二世の社主となった真覚国師《チンガククサ》慧諶《ヘシム》（一一七八―一二三四）は、最上根機に合う看話徑截門の修行法をより発展、体系化させた。彼は各種の語録などから公案と話頭を集成した『禅門拈頌《ぜんもんねんじゅ》』を編纂し、看話禅の修行で留意すべき点を整理した「狗子無仏《くしむぶっ》性話揀病論《しょうわけんびょうろん》」を著した。また地方の郷吏層の後援を受けていた知訥の代とは異なり、王室と武人執権者の崔氏一族の後援を受けながら修禅社の地位が高められ、この系統がその後の仏教界を主導するようになった。現在の松広寺が一六人の国師を輩出した僧宝寺刹と呼ばれるようになったのは、このような歴史的背景に基く。僧宝とは仏法僧の三宝の中の一つである。韓国の寺院では、仏の真身舎利を奉安する通度寺が仏宝寺刹、高麗大蔵経がある海印寺が法宝寺刹と呼ばれた。一方、曹渓宗が高麗後期の禅宗の公式名称として定着しながら、禅宗である曹渓宗が華厳宗などの教宗を圧倒するようになったのも、この時期の主たる変化である。

結社運動は華厳宗、法相宗などの教宗でも起こったが、代表的な結社組織としては、知訥の曹渓宗の修禅社とともに天台宗の僧侶、了世《ヨセ》（一一六三—一二四五）の白蓮結社《ペンニョンキョルサ》を挙げることができる。了世は一一七四年、天台宗の僧科に合格した後、開京の仏教法会に失望し結社を組織するようになった。彼は知訥の参禅修行を中心とした定慧結社にも参与したが、浄土信仰を認めずに禅修行にだけ専念する方式に不満を抱き、教観兼修を特徴とする天台教学と法華信仰とに依拠した修行を実践した。一二一六年、全羅道康津《カンジン》の万徳山白蓮寺《マントクサンペンニョンサ》で白蓮結社を組織し、一二三二年には普賢道場を設置した。了世の白蓮結社は、天台智顗の「法華三昧懺儀《ほっけさんまいせんぎ》」に依拠しながら天台の止観修行と念仏浄土信仰とを結合した中国宋代の天台宗の傾向を受容した。義天が開創した高麗天台宗は禅宗の一つとして成立し、懺悔行法や浄土信仰などの実践信仰を排除してきたが、この時期に天台の法華信仰と浄土信仰を実践修行の場の中に引き入れたのであった。その後、白蓮結社は儒学者出身の僧侶である天因《チョニン》と天頙《チョンチェク》とが継承して発展させ、中央の官僚や儒学者たちも白蓮結社に大きな関心を持って参与した。

高麗は、崔氏の武人執権期であった一二三一年から約三〇年間にわたるモンゴルの七回の侵入に対して戦い、江華島への遷都を強行しながら抗戦を継続した。この過程で首都・開京を含む全国土が蹂躙され、符仁寺にあった初雕大蔵経と慶州の皇龍寺の九層木塔が全焼するなど、多くの被害を受けた。一二五九年、モンゴルとの講和が成立した後、一〇〇年間続く元干渉期には、高麗国王は元の皇帝の婿として元の皇室の一員でもありながら、一方では本来の風俗（土俗）の維持と自治が認められた高麗の国王として国を治める二重的な地位にあった。したがって元は、高麗の王位継承に積極的に関与し、高麗は政治・経済的な側面で元の影響を強く受けるしかなかった。すなわち高麗は世界帝国を建設した元の勢力の中に含まれ、元の皇室の一員である高麗国王による制限的な自治が許容された時期であった。このような政治的な関係は、仏教界の変化も引き起こした。元の皇室の仏教の影響と中国の臨済宗風の流入が、この時期の代表的な特徴であった。

元の公主が高麗の王妃となり、一部の官吏たちも高麗に来るようになると、モンゴルに伝わったチベット仏教系統の元の皇室仏教が流入し、仏教儀礼と美術様式に大きな影響を及ぼした。また、元の皇室と貴族の願刹が指定され、彼らの後援が高麗仏教に及ぼす影響力も大きくなった。特に法起菩薩の常住の処として知られた金剛山に元の皇室、および貴族の後援や仏事が集中し、いくつかの寺院が願刹に指定された。また高麗仏教界を代表していた修禅社も、元の皇室の庇護と恵沢とを受けた。この時期に主要寺院で開かれた各種法会では、元の皇帝と皇室の安寧とを祝願し、それまでは外敵の撃退を祈願するために開かれた談禅法会は中断された。一方、諸侯の国となったために官制が改変され、一時的に国師の称号も国尊、国統と変更されることもあった。

反面、高麗仏教が元に逆輸出されることもあった。元に連行された高麗の女性たちと宦官たちをはじめ、元で活動していた高麗人たちを通して高麗仏教が伝わったのである。特に、元の皇室と貴族の中には、高麗出身で元の順帝（一三三三―一三六八在位）の后となった奇皇后《キファンフ》をはじめ多くの高麗の女性たちが存在した。元の首都・大都には、高麗人たちの後援で運営される寺院があり、これらの寺には高麗出身の僧侶が住職する場合が多かった。また、元で経典の大規模な写経を推進しながら、専門技術者である高麗の僧侶一〇〇名が派遣された。一方、高麗の王子や学者たちが元に留まることもあったが、忠宣王《チュンソンワン》（一三〇八―一三一三在位）の場合は元の首都・大都にいる時、万巻堂を建て、元の一流の学者たちと高麗の若い文士たちとの間の交流を推進し、朱子の性理学を導入する土台を作った。彼は元の仏教を直接後援することも行ったが、義天の後援で高麗仏教と深い関係を持つようになった杭州の慧因寺《えいんじ》を支援し、大蔵経を印出して中国江南地方の寺院に分配した。また、当時江南の臨済宗を代表する僧侶の中の一人であった中峰明本《ちゅうほうみょうほん》とも深く交流し、浄土教の系列である白蓮宗の復教運動を後援することも行った。

一方、元の江南地方には、漢族中心の中国仏教の伝統が続いていたが、禅宗と浄土信仰がその中心であった。当時、中国の禅宗は臨済宗が主流で、頻繁な人的交流を通して高麗に中国の臨済宗風が直輸入された。特に、本分宗師からの印可が強調され、それが教団はもちろん社会的にも認められていきながら、江南地域の臨済宗僧侶に会うために元に留学するのが高麗仏教界の風潮となった。一三世紀後半から元の臨済宗僧侶である蒙山徳異《もうさんとくい》（一二三一―一三〇八）の看話禅風が高麗に受容され、朝鮮時代前期まで、その語録を含め彼の著作が多数刊行されるなど、非常に大きな影響を及ぼした。一四世紀中盤になると臨済宗の看話禅の禅風が高麗仏教の主流となり、貴族の子弟たちが禅宗で出家する事例も増えた。また、禅宗の規範書である『百丈清規』が輸入され、儀礼および日常の準則となったが、この時、伝来したのは元の皇帝の勅命により新たに作られた『勅修百丈清規』であり、皇室の安寧と繁栄を祈願する国家仏教的な色合いが濃いものであった。

この時期には多くの高麗の僧侶たちが元に渡って臨済宗の看話禅風を直接伝受し、一部は元皇室の後援を受けて法会を主管することもあった。その代表的な人物として太古普愚《テゴポウ》（一三〇一―一三八二）と懶翁恵勤《ナオンヘグン》（一三二〇―一三七六）とを挙げることができる。太古普愚は、朝鮮時代後期から現在まで、韓国禅宗の法脈上の宗祖として崇められる人物であり、元の臨済宗僧侶・石屋清珙《せきおくせいこう》（一二七二―一三五二）から印可を受けて衣鉢を継いだ。帰国後、恭愍王代に王師と国師を歴任しながら円融府を設置して九山禅門の統合を推進した。また教訓となる法語を集めた『緇門警訓《しもんきょうくん》』を元から入手し刊行することも行った。太古普愚と双璧をなす懶翁恵勤は、朝鮮時代にも指空―懶翁―無学の師弟の系譜が三和尚として尊崇された。彼は若い頃に元に入り、一〇年滞在して元の臨済宗僧侶・平山処林《へいざんしょりん》の法を伝受し、また高麗にも来たことのあるインド人僧侶・指空《しくう》を元の首都・大都で探し師として仕えた。懶翁は恭愍王代に王師に任命され、弟子の幻庵混修《ファナムホンス》（一三二〇―一三九二）などが高麗末の仏教界を主導し、また別の弟子である無学自超《ムハクジャチョ》（一三二七―一四〇五）、門孫の涵虚己和《ハムホキファ》（一三七六―一四三三）などは朝鮮時代初期の仏教界を主導した。

　元干渉期の臨済宗風の流入と中国式の儀礼の導入は高麗仏教界に大きな影響を及ぼしたが、反面、それに対する批判も提起された。曹渓宗僧侶である尚聡《サンチョン》が、朝鮮開国初期に太祖に奉じた上疏文には、当時の仏教界の動向に対する憂慮とともに知訥の修禅社の伝統を回復しなければならないという提言が含まれている。彼は、名利を競う弊害が残り、僧侶たちが禅修行と教学研究をしないことを嘆きながら、禅と教を兼修しなければならず、特に禅宗は普照知訥の遺制に従わなければならないと主張した。また中国風の仏教を高く尊ぶ慕華僧たちが、儀礼作法において伝統を継承しないと批判し、知訥の修禅社の作法を回復しなければならないことを強調した。

IV　朝鮮時代前期――儒仏交替の時代性と抑仏の展開

1　朝鮮時代――仏教の特性と儒仏交替の背景

仏教は三国時代に伝来して以来、統一新羅時代、高麗時代の約一〇〇〇年間、思想、宗教、文化などの各領域で韓国的な伝統の根幹を形成してきた。しかし、高麗末に新儒学である性理学が導入され、一三九二年に儒教国家を標榜した（李氏）朝鮮時代（一三九二―一九一〇）になると、もはや仏教は以前のような地位と役割を維持できなくなった。すなわち韓国史で儒仏交《じゅぶっこう》替《たい》という上部構造の大きな変動が起こった時期であるといえる。

朝鮮時代は一般的に「崇儒抑仏《すうじゅよくぶつ》」の時代と通称されている。また朝鮮時代の仏教は女性や庶民など、非主流の信仰として命脈を維持しただけで、思想の深まりや時代思潮としての役割はなく、僧侶は賤民として扱われたとされている。しかし朝鮮時代においても性理学では解消が難しい宗教的な渇望と信仰とを仏教が広範囲に担当し、朝鮮末までの多くの浮沈にもかかわらず、仏教は生命力を維持しながら伝統を継承、発展させたのである。

現在、我々が知っている朝鮮時代の仏教に対する常識は、朝鮮時代に入り仏教が政治社会的な主流秩序から排除され、高麗時代まで持っていた高い地位が墜落したところから一次的に生成されたが、また別の側面では、植民地時代に学術的な議論により固められた他律性論、正統性論に依拠した韓国仏教否定論とも関連がある。朝鮮時代の仏教史全体を概説した高橋亨《たかはしとおる》（一八七八―一九六七）の『李朝仏教』（一九二九）に、そのような否定的な認識の典型が見える。彼は特に朝鮮時代後期を、仏教がほぼ絶滅の状況に至った惨憺たる時期であると規定した。解放以後、植民史観を克服するための内在的発展論や主体的民族主義が学界の主流的な傾向となった状況の中でも、朝鮮時代の仏教に対しては学界や仏教界がほとんど注目をしなかった。仏教は儒教に代表される前近代と、西欧文明とキリスト教に象徴される近代のどちらにも所属するところがなく放置されていたのである。

実際の歴史像を見ると、朝鮮時代の仏教界は国家の抑圧の中でも滅びず、時間が経つにつれ自救策を探し、教学や信仰の側面も朝鮮時代前期に比べて朝鮮時代後期により活性化される姿が確認される。特に朝鮮時代後期に、政府や士族など主流階層の公的な支持と後援がほぼなかった状況で数多くの仏事が行われた点や土着の民間信仰と結合した形態に変貌した点などは、以前とは異なる自立的な宗教モデルとして特記するに値する。

また、仏教思想の発展で限界を見せたことや、時代思潮として仏教の役割が振るわなかったことは中国、日本など東アジア近世の歴史で一般的に現れた現象であり、朝鮮だけの特殊な問題ではなかった。むしろ、高麗時代以前と近現代とを連結する長期的な伝統の継承の側面から朝鮮時代の仏教の歴史的な意味を探ることができる。すなわち禅宗の法脈の伝授と看話禅の重視、禅教兼修と華厳教学の盛行など、韓国仏教の伝統的な特性は、朝鮮時代後期に定形化された。韓国人の伝統的な心性と世界観の根幹の形成は、一般の通念のように儒教によるものだけではなく、仏教も極めて大きな比重を占めている。このような観点から、朝鮮時代の仏教に対する新たな理解が必要であり、現存資料のほぼ大部分が朝鮮時代に刊行されたり、作られたものであるという点で、今後、多くの研究成果が出る可能性のある分野である。

朝鮮時代の仏教の特性を概観するに先立ち、高麗末、朝鮮初すなわち一四世紀―一五世紀前半にかけて起こった儒仏交替の時代的背景と排仏論の具体的な内容に対して見ておく必要がある。まず代表的な儒教経典である『論語』、『孟子』、『大学』、『中庸』の四書に対する朱熹《しゅき》（一一三〇―一二〇〇）の注釈書（四書集註）が元代（一二七一―一三六八）に科挙試験の教材になり、元を通して性理学を受容した高麗も一三四〇年代に科挙で四書集註を正式な科目に採択した。これは科挙を通して官僚に進出した新進の士大夫たちがみな性理学者として養成されたことを意味する。これとともに科挙試験の出題者と合格者が座主と門生、すなわち師と弟子の関係を形成する中で性理学に対する高麗の知識人たちの理解が深まり、また彼らが官僚として活動しながら権力の中心となった。彼らにより、高麗末に多くの社会経済的な弊害を起こした寺院と仏教に対する強い批判が提起されたのである。

高麗末の寺院経済は、元干渉期を経て王室および権門勢家と結びついて莫大な財産を形成していた。これは誇張の可能性もあるが、国家で租税を受け取る田地の六分の一に該当する大規模な土地を寺院が所有し、一〇万人に達する多数の寺院の奴婢が存在したという批判が提起されるほどであった。また、戦乱と社会的混乱を経て、国役を担当しなければならない一般の良民が減った代わりに僧侶の数が増えただけでなく、人的な資質の下落と倫理的な問題を惹き起こしていた。さらに教学の錬磨や修行よりは、祈福および功徳信仰を中心に機能するにしたがい、仏教界の自浄能力が喪失した。こうした仏教界の社会経済的、宗教的な問題により、仏教に対する批判は社会的な公論として広まった。

一四世紀は東アジアにおける一種のパラダイムの転換期であった。中国は元から明への交替、韓国は高麗から朝鮮への交替、日本は鎌倉幕府から室町幕府への移行という政治的な激変が起こったのであった。特にモンゴル族が建てた元は、異民族（非漢民族）も中華であるという論理で両者の統一を表明したが、その後、漢族が建てた明は優れた中華文明により異民族（非漢民族）の文化および習俗を変えるという華夷論《かいろん》的な志向を持った。朝鮮は、華夷論的な世界観に基づいた性理学を政治理念として掲げ、中華の道と人倫を代表する性理学の立場から高麗の伝統、特に性理学とは正反対にあった仏教に対する批判が巻き起こったのである。

高麗末・朝鮮初の排仏論は、初期には僧侶と寺刹の社会経済的な弊害など現実的な問題に対する批判に集中していたが、徐々に性理学に基づいて政教と倫理に害となる代表的な異端である仏教自体を打破しなければならないという闢異論《へきいろん》的な認識に焦点が移った。当時の新進の士大夫たちの文章を見ると、まず仏教が現実的に莫大な経済的富を享受しており、多くの社会的問題を起こしているという批判が中心をなす。これに対しては高麗末から僧侶の資格認定を厳格にする度牒制《どちょうせい》の施行が議論されることもあった。また、彼らは仏教が世俗を離れた教えであり観念的な虚無主義に陥っているため、天下と国家とを治めるに値する道ではないと見た。すなわち、政治に害悪となり、倫理まで否定する最も危険な異端として仏教を責め立て、その排除を強く主張したのであった。

その中、朝鮮王朝開創の首謀者であった鄭道伝《チョンドジョン》（一三四二―一三九八）は、仏教が人倫に背き、国家に害毒となる悪法であると見て積極的に排斥した。彼は『仏氏雑弁《ぶっしざつべん》』で、輪廻と因果応報のような仏教式の来世観を批判し、仏教を世を惑わし民を誣《あざむ》く異民族（非漢民族）の宗教と規定し、華夷論的な視角に立脚してその排斥を唱えた。鄭道伝は「心気理篇」で、性理学は本性（性）の中に天理が内在しており、性がすなわち理であり、性が心と気の根本であると前提した後、「心を通して本然の性を極めて知る（尽心知性）」と主張した。これに比べて仏教は、根拠がない心の作用を絶対視しながら一切の現象を心の産物と認識し、本性の理を度外視し、理の絶対性とそれに基づいた人倫道徳を否定したと批判した。すなわち仏教では心がそのまま性であり、「心により本性を見る（観心見性）」というが、これは主客が区分されない虚無主義なだけだと断定した。

鄭道伝のこのような認識は、朱熹の仏教批判論をそのまま借用したものである。朱熹は、仏教に対する深い理解を土台として性理学の哲学的な思惟体系を完成したが、宋代仏教界の主流であった禅宗に対しては、心の作用を絶対化するとして激しく批判した。彼は、仏教の出世間主義が現実世界において極めて無力であり、あまりに利己的、極端な平等主義に偏り、道徳倫理を否定し、仏教の輪廻と業報観念が、現世の問題を来世に持ち越すだけのものであると主張した。また仏教でいう心は感覚と知の主体でしかないために、本然の性のような道徳の基準となることはできず、心の知覚作用をそのまま認めていると批判した。一方、性理学の理は、自然世界と人間の究極的な実在であり、道徳的な当為（あるべきこと）の実在であるが、仏教はこれを空虚であると否定し、虚無と不道徳を生んだと見たのである。

このような排仏論の攻撃に対する朝鮮初期の仏教界の対応は、仏教の現実的な必要性と倫理問題の正当性、国家および社会への寄与、儒仏の思想的な一致を主張するのに集中した。すなわち、仏教は国家政治と社会倫理において、実際に多くの役割をなしており、儒仏は同じ根源から出たものであるという受動的な対応の論理であった。涵虚己和《ハムホキファ》（一三七六―一四三三）の『顕正論《けんしょうろん》』や著者未詳の『儒釈質疑論《じゅしゃくしつぎろん》』では、仏教の因果論や戒律、修行などは、徳治と仁を実践するのに助けになると述べるなど、仏教の政治的、倫理的な機能を強調した。また太極と陰陽五行などを仏教教理に対比させて説明したり、仏教の五戒（不殺生、不偸盗、不邪婬、不妄語、不飲酒）と、儒教の五常（仁、義、礼、智、信）が同じものであると説くなど、一心による儒仏一致と相互共存を主張した。その延長線上で、朝鮮時代後期になると仏教の心と儒教で重視する理が、究極的には同じであるという「心即理」の論理が強調されもした。

2　朝鮮時代前期――仏教政策の時期別の展開

性理学的な儒教理念を国家統治の前面に掲げて開創した朝鮮王朝は、一三九二年の開国以後、徐々に以前の時代とは異なる仏教政策をとった。太祖李成桂《テジョイソンゲ》（一三九二―一三九八在位）は、篤い仏教信者であったが、新生王朝国家の基盤を造成するため官僚たちの意見にしたがい仏教界の弊害を除去し特権を制限する措置を取った。まず僧侶になろうとする者は一定の丁銭を出して僧侶資格を得るようにする度牒制を施行した。すなわち両班、良人、賤人の身分階層別に、定まった額のお金を出してこそ僧侶の資格が得られたのであるが、これは僧侶の数を制限するための措置であった。ただ、太祖の代は民心の安定のために当時最も影響力がある宗教であった仏教を認めなければならず、それに対する抑圧的な政策を施行するよりは、仏教を崇拝していた高麗の遺制をほぼ継承した。

第三代国王の太宗《テジョン》(一四〇〇—一四一八在位)の時から、仏教を抑圧する政策が本格的に施行された。太宗は朝鮮王朝の開創に大きな役割を果たしただけでなく、多くの政争を繰り広げ、国家の土台を固める際に臣下の牽制を受けない強力な王権を追求した。彼は高麗末に国家の最高教育機関である成均館《ソンギュングワン》で性理学の教育を受け、科挙に合格した儒教的な素養を備えた君主であり、「自分の陵には寺を建てるな」という宣言も行った。一四〇六年(太宗六)には、禅宗である曹渓宗、教宗である華厳宗など、一一の宗に属した二四二の寺院を国家で公認して、そのほかの寺院が保有していた公的性格の土地と寺院奴婢を国家のものとした。当時の記録によれば、寺院田三四万結、寺院奴婢八万人の莫大な量が還収されたと伝わる。また翌年には一一の宗派を、曹渓宗、華厳宗、天台宗、慈恩宗(法相宗の異称)、中神宗(中道宗と神印宗を統合)、摠南宗(摠持宗と律宗である南山宗を統合)、始興宗(涅槃宗と推定)の七つの宗派に縮小、統合した。また認可された二四二の寺院の中、高麗時代の裨補寺として主に都会にあった八八の寺院を深い山中の名山大川の寺院に代えて、地域の中心地からの寺院の放逐と高麗の伝統との断絶とを同時に推進した。太宗の代の抑仏政策は、仏教界が保有した莫大な量の経済力を国家財源として還収し、寺院の経済力を大きく委縮させる結果を生んだ。ただ、公認された寺院には土地と奴婢の所有が認められただけでなく追加で支給されることもあり、またそのほかの非公認の寺院も経済基盤の相当部分を失いはしたが、寺院自体が無くなるということではなかった。

次の第四代世宗《セジョン》(一四一八―一四五〇在位)代には国家の文物制度が整備され、独創的な固有の文字であるハングルが頒布されるなど、王朝国家の全盛期が到来した。しかし、前の太宗代に断行された抑仏政策の基調はそのまま維持され、一四二四年(世宗六)禅宗と教宗の七つの宗派が禅と教の両宗に統合され、それぞれ一八ずつ、全三六の寺院だけが国家の公認を受けた。これらの寺院には、僧侶と保有財産の限度が定められ、僧侶四〇〇〇人と寺院田八〇〇〇結が公式に認定された。もちろん、この時も公認されなかった寺刹が撤廃されたのではなかったが、僧籍の管理など、僧政と関連した諸般の業務を担当していた国家官署である僧録司が廃止された。代わりに、禅宗は興天寺、教宗は興徳寺に、教団自体の管理機構である都会所が置かれ、高位の僧侶の選抜試験である僧科も禅宗と教宗とで、それぞれ施行された。さらに王室仏教を象徴する宮中の内仏堂が廃止され、僧侶の都城への立ち入りが制限されるなど、抑仏の基調が強化された。世宗代には王世子を冊封する時、王世子が成均館に入学し、孔子の位牌に礼を行う儀式が初めて行われた。これは以前に高麗の国王が、僧侶である王師と国師に弟子の礼を表したのと比べると、仏教国家から儒教国家への転換がなされたことを示す象徴的な事例である。

第七代世祖《セジョ》（一四五五―一四六八在位）は、朝鮮時代の類稀なる好仏君主であった。世祖は甥の端宗《タンジョン》（一四五二―一四五五在位）を王位から追放して即位したために、個人的な信仰心に加え、民心の安定と支持基盤の確保のための方策として親仏教的な歩みを行ったものと見られる。世祖は、各地の寺院田を拡大し、寺院の雑役を減免し、特恵を受けた一部の寺院は産業を経営して財産を大きく増殖することができた。また寺院境内に官吏や士大夫が無断で侵入することを禁止した。このような好意的な雰囲気の中で、度牒を正式に受けない無資格の僧侶が急増することもあった。

しかし、儒教国家の形が整備された第九代成宗《ソンジョン》（一四七〇―一四九四在位）の代に入ると、地方の士林が中央政界に進出し、言論を主導して、世祖代の親仏政策の反作用として抑仏策が再度強化された。成宗も、執権初期には大妃の影響で、「異端である仏教は放置しておき、ただ信じさえしなければよい、僧侶も民であるからすべてを無くすことはできない」と述べたが、政治を直接掌握した後には抑仏策を強化した。すなわち度牒の発給を一時的に中断させ、度牒がない僧侶たちを捜索して還俗させたが、これは僧侶の数を減らし、今後僧侶となる公式的な通路を防ぐ措置であった。一方、成宗代には朝鮮の公式の法典である『経国大典《けいこくたいてん》』が頒布されたが、その中に規定された仏教関連の条項は世祖代にその草案が作られたものであった。主な内容は、僧侶になるためには丁銭を出せば度牒を支給するということと、禅と教の僧科の規定を明示し、国家の公認寺院の住持は僧科の出身の僧侶を礼曹で任命するということなどであった。反面、寺院の新規創建は禁止され、僧侶の数と居住空間とを制限し、土地と奴婢を寺に布施することが禁止されるなど、仏教政策の法制化とともに抑制措置が同時に行われた。

次の第一〇代の燕山君《ヨンサングン》（一四九四―一五〇六在位）の時にも、初期には仏教に対する抑圧的政策が施行されなかったが、一五〇四年（燕山君一〇）、王が生母の死と関連した疑惑を解く過程で起こった甲子士禍《カプチャサファ》の中で廃仏が繰り広げられた。すなわち、一部の官僚と儒生たちが殺され、国立大学的な存在であった成均館が廃止されて宴会場に転落し、世祖が創建した都城内の円覚寺《ウォンガクサ》は妓生たちの住まいに使われ、両宗都会所は撤廃されて都の外に移された。また、三年に一度ずつ行われる僧科が挙行されず、翌年には寺院田を没収し僧侶を還俗させよという命令が下された。これは文字通り廃仏措置の断行であったが、同じ年にクーデターが起こり、かった。

中宗《チュンジョン》（一五〇六—一五四四在位）が即位すると燕山君は廃位され、実効を収めることができなかった。

第一一代の中宗は即位の初めに、王権を強化し民心を慰めるために、先王たちの遺訓であることを掲げて、回収された王室関連の寺院の土地を半分返却し、都内の比丘尼寺院である浄業院《ジョンウォプウォン》を再建した。しかしクーデターを主導した士林勢力が政治を主導するようになると僧科はこれ以上施行されず、一部閉鎖となった寺院の田畑は儒教の教育機関である郷校や書院になり、さらに『経国大典』の度僧の条項が削除され、これ以上僧侶の資格が制度的に認められない法制上の廃仏が行われた。また中宗代の後半には不法な僧侶の数の増加が社会問題となるや、国家的な工事に彼らを動員し、代わりに労役を担当する身分証明書である号牌を支給するなどの公的な施策が行われたこともあった。このように燕山君と中宗代を経て、仏教は人的な資源と有形的な資産の継承という側面で、ほぼ廃仏に等しいほどの打撃を受けた。これは、この時期に禅宗の嗣法の系譜が事実上、断絶したことからも立証される。

3　王室の後援と仏教信仰

朝鮮王朝は、法制と政策、儀礼などの公的な領域で儒教国家としての性格を強化し、仏教は主流秩序から排除された。しかし一方では王室の崇仏と仏教の後援は朝鮮時代を通じて続けられた。そして国王は、一部の例外を除いては、王室と儒学者官僚との間で仏教信仰および支援をめぐる仲裁の役割を遂行したのであった。これは仏教が国王の長寿と王室の安寧とを祈り、歴代の国王と王妃などの死後の冥福を祈り、追崇する役割を担っていたことと関連があり、王室の構成員の多数が妃嬪と公主、宮女など、女性であったこととも関連する。

個人的に仏教を信仰していた太祖は、仏教の外護を信じ、朝鮮時代の最初で最後の王師と国師として曹渓宗の無学自超（一三二七—一四〇五）と天台宗の祖丘《チョグ》を任命した。またソウルに興天寺《フンチョンサ》を建立し、宮中の内仏堂を存続させ、大規模な法会と写経、大蔵経の印刷を行った。太祖は、文廟で孔子を祀る釈奠《せきてん》の代わりに法会である文殊会に参席したほど仏教に対する信仰が篤かった。朝鮮朝に入り最初に強力な抑仏政策を断行した太宗も、後述する水陸斎《スリュクジェ》の挙行など王室伝来の仏教儀礼は妨げず、父の太祖、および生母と関連した仏教行事、および仏事は容認した。すなわち王師であった無学自超の碑を建立し、太祖死後の七七斎と法会を行ない、斎宮である開慶寺《ケギョンサ》と願刹である興徳寺《フンドクサ》とを創建した。

太宗の抑仏政策を継承した世宗も、在位の後半期には仏教にかなり好意を示したが、ここには健康の悪化のような個人的な理由もあったであろうが、王位継承をめぐる葛藤を避け、僧侶となった兄の孝寧大君《ヒョニョンテグン》(一三九六―一四八六)の役割が大きかったと見られる。孝寧大君は当時、国王および王室と仏教界との間の主たる通路であり、王室および国家の繁栄と仏教の外護を追求した。すべての学問に精通した儒教君主であった世宗もまた、「異端を信じるのではなく、祖宗の遺訓に従う」と述べながら、官僚たちの反対を押しのけて、廃止した内仏堂を再び設置し、興天寺の舎利閣を華麗に重修し、「菩薩戒弟子 朝鮮国王」であることを明示することも行った。世宗は、大妃の追薦法会などの仏教行事を開き、その葬礼の時も仏教式の儀礼が挙行された。

代表的な崇仏君主である世祖は、個人的な信仰心もあったが、士大夫の力を抑制し王権を強化する面で一般民が尊崇していた仏教を重視した。世祖は、ソウルの都心の中に円覚寺を創建し、高さ一二メートルの華麗な一〇層の石塔を建て、各地の寺院を重建し、寄付とともに各種の免除の恵みを与えた。また高麗大蔵経を五〇部印刷しただけでなく、一四六一年に刊経都監《かんきょうとかん》を設立して仏教書を刊行しハングルによる諺解《オネ》(翻訳)を行った。最初のハングル仏書である『釈譜詳節《しゃくふしょうせつ》』は、世宗の訓民正音の創制後、当時、首陽大君《スヤンテグン》であった世祖が直接編述した釈尊の一代記である。刊経都監の仏書刊行、およびハングルへの翻訳は、仏教の大衆化とハングルの普及という点で大きな文化史的意味を持つ。仏書の翻訳と刊行には孝寧大君と信眉《シンミ》、信眉の兄弟である金守温《キムスオン》(一四一〇―一四八一)など、僧侶と官僚がともに参与した。また世祖代には、宮中音楽として釈迦牟尼の霊山会の光景を描写した霊山《りょうぜん》会《え》相《そう》が演奏されることもあった。

東アジア世界に及ぼした仏教の最大の影響の中の一つは、業と輪廻に代表される来世観と浄土往生信仰であったが、朝鮮時代の仏教信仰も現世と来世の福を祈願するためのものであった。観音信仰、地蔵および冥府信仰、極楽浄土への往生を祈願する念仏浄土信仰など、現世の安定と来世の冥福を祈る伝統的な仏教信仰が継続した。一方、朝鮮時代前期に盛行した代表的な仏教儀礼として水陸斎《スリュクジェ》を挙げることができる。水陸斎は水と土のすべての衆生と魂霊、鬼神の苦痛を救済し、死後の冥福を祈るための斎会であり、主に王室の後援で設行されただけでなく、朝鮮時代前期の国家で設行を公認し、支援した唯一の仏教儀礼であった。高麗後期から流行した釈迦誕生日の燃灯会も民間では長い期間にわたって存続し、真言と陀羅尼を中心とした密教式の儀礼も、王室や民間で重視された。

朝鮮時代に入ると、国家儀礼のような公的な領域と士大夫など主流階層においては仏教式の儀礼が徐々に排除され、儒教の儀礼がその地位にとってかわるようになった。しかし一五世紀まで一般の喪葬礼は伝統的な仏教式の斎儀と儀礼が維持された。すなわち開国後から火葬が禁止され儒教式の喪祭礼が積極的に勧められたが、これは士大夫中心に行われただけで、一六世紀以前には一般化しなかった。王室の祭祀において肉を捧げないことをめぐり、それが崇仏行為なのか伝統的な慣行なのかをめぐり王室と官僚たちの間で議論が行われたほどであった。死者の往生と来世の福楽を祈願し追悼する仏教式の祭儀と儀礼は、高麗時代以来、強固な社会的な基盤を持っており、これは現世的な特性が強い儒教としては完全に代替することができない領域であった。したがって儒教式の葬礼と祭礼が一般化した朝鮮時代後期にも、七七斎のように父母の冥福を祈る仏教斎儀が、個人的、私的な領域で持続し、王室もまた例外ではなかった。

V　朝鮮時代後期――仏教の存立と伝統の継承

1　朝鮮時代後期の仏教政策の展開

燕山君（一四九五―一五〇六在位）と中宗（一五〇六―一五四四在位）の時代を経て、ほぼ廃仏の状況に直面していた仏教界は、第一三代明宗《ミョンジョン》（一五四五―一五六七在位）の時代に入り起死回生の転機を迎える。幼い明宗の代わりに政治を左右した明宗の母・文定王后《ムンジョンワンフ》（一五〇一―一五六五）の命により、一五五〇年（明宗五）禅宗と教宗の両宗が再建され、僧侶の資格証である度牒を与える度僧と高位僧侶の選抜試験である僧科が再開されたのである。篤い仏教信者であった文定王后は、不法な僧侶が急増し、その弊害が多くなったという名分のもと、元来『経国大典』に明示されていた禅教両宗と度僧制度を再び施行し、僧侶の数を調節し教団を合法的に統制、管理することを命じた。当時、多くの反対があったが、虚応普雨《ホウンポウ》（一五一五―一五六五）を禅宗本寺である奉恩寺《ポンウンサ》の住持とし、かつ禅宗判事に任命し、守真《スジン》を教宗の本山である奉先寺《ポンソンサ》の住持とし、かつ教宗判事を担当させた。文定王后は、夫である中宗の陵を成宗（一四七〇―一四九四在位）の陵である宣陵の横に移建し、奉恩寺を近くに移して重創した。

　また、僧科を再び三年ごとに施行したが、禅宗は『景徳伝灯録』と『禅門拈頌』、教宗は『華厳経』と『十地経論』を試験し、僧科に合格した者を王室関連の寺院の住持に任命し、僧職を付与した。当時、禅宗と教宗の僧科に合格した定員は、それぞれ三〇名ずつであったが、僧科に参与した者たちにも度牒を授与し、約四〇〇〇名が僧侶の資格を獲得したものと推定される。このように僧侶として合法的に活動できる道が開かれ、またこの時期、僧科に合格した清虚《チョンホ》休静《フュジョン》（一五二〇―一六〇四）、四溟惟政《サミョンユジョン》（一五四四―一六一〇）などが以後、仏教界を率いたという点で、禅教両宗の再建と度僧、および僧科の再開は仏教界の人的な再生産と教団の組織化を可能にした事件であった。しかし王后が亡くなると一〇〇〇件にのぼる官僚および儒生たちによる反対の上疏が提出され、王后の遺言にもかかわらず、翌年の一五六六年には両宗が廃止され度僧と僧科も廃止された。

　次の第一四代宣祖《ソンジョ》（一五六七―一六〇八在位）の時代は栗谷李珥《ユルゴクイイ》（一五三六―一五八四）のような朝鮮時代を代表する優れた儒学者たちが大挙登場し、政治的にもこれら士林が政局を主導しながら朋党政治が始まり、朝鮮が本格的な儒教社会に入る時期であった。宣祖が即位の初めに「教化を盛大に行えば、異端は自然になくなるであろう」と述べたように、この時期は儒教国家としての自信が充満し、委縮した仏教勢力に対してはそれほど関心を持たずに放任しておく状況であった。しかし一五九二年（宣祖二五）四月、日本が明を討ちに行くという名分を掲げて大規模の軍隊を送り、朝鮮に侵入して壬辰倭乱《イムジンウェラン》（文禄の役）が勃発し、朝鮮は国家の存亡がかかった大きな危機を迎えた。西洋から入った新しい武器である火縄銃で武装した日本軍は、韓半島東南の釜山に上陸して二〇日余りで、破竹の勢いで都の漢陽《ハニャン》へ進撃し、宣祖は平壌を経て中国との国境地帯である義州《ウィジュ》に避難した。以後、朝鮮政府は明に軍隊の派兵、および軍事援助を緊急に要請し、また各地で民間人の義兵が起こり日本軍の補給路を塞いだ。一方、戦乱の戦況に決定的な影響を及ぼしたのは、朝鮮の海軍提督・李舜臣《イスンシン》（一五四五―一五九八）が率いる水軍であり、南海の海上権を掌握し、日本海軍を慶尚道の海岸に留め、西海に進出するのを防いだ。

一方、一五九二年七月、義州に避難した宣祖は、西北地域である平安道の妙香山《ミョヒャンサン》に住職していた清虚休静を呼んで八道都摠摂に任命した。休静は全国の寺院に檄文を送り、四〇〇〇余名の義僧を集め統率した。その年の一二月に明の五万の援軍が朝鮮に到着し、義僧軍は明軍および朝鮮軍とともに、直接、平壌城の戦闘に参加して戦功を立てた。また一五九三年二月、ソウル近郊の幸州山城《ヘンジュサンソン》の戦闘でも義僧軍の活躍が大きく、四月にソウルを奪還した後、宣祖が還都する時は義僧軍が国王を護衛した。そのほかにも軍糧の輸送、各地の山城など、戦争に必要な各種の負担と役とを義僧軍が担当した。また老齢の休静に代わり都摠摂となった四溟惟政は、義僧軍を直接率いただけでなく、講和協商の当時、日本軍の陣営を探索して敵将と談判し、戦争が終わった後には、戦争の処理と国交再開問題を話し合うために日本に直接渡るなど、外交までも担当した。

七年間の戦争は、朝鮮に人的、物的に莫大な被害を与え、義僧軍を組織した仏教界もまた大きな損失を被った。反面、義僧軍の活動を契機に、仏教に対する社会的な認識とその地位が再び高まった。以前から仏教は国家のためにならず、忠孝のような倫理の領域で問題が多いという批判を受けてきたが、国家存亡の危機を迎えると、義僧軍を組織し、忠義を高め、民衆と国を救ったという認識が広まり、ここに仏教が蘇生する一大転機が準備された。すなわち戦争の際に活躍した義僧軍の功績により、朝鮮時代後期に仏教が存立し盛行する基盤が形成されたのである。以後、一八世紀には清虚休静、四溟惟政などに対して国家の支援の下に公的な祭祀を行う表忠祠、酬忠祠などが、彼らと関連のあった地域に建立された。一方、戦争により亡者の霊魂を慰め、追福する薦度斎、水陸斎などの仏教儀礼が盛行した。これは戦乱により仏教の宗教的な効果が社会的に認められ、要請されたことを意味し、戦争後、仏教に対する認識が変化し、仏教の宗教的な効果を社会的に認める雰囲気が反映され、各地域で廃墟となった寺院を重建し始めた。

宣祖の後を継いだ第一五代光海君《クアンヘグン》（一六〇八―一六二三在位）は、戦争の惨禍を克服し失墜した王権を強化するために努力した。この時、仏教界は宮廷の再建に僧侶が動員されるなど、国家の再建事業に大きく貢献した。宮殿、王陵、堤防の築造など各種の公的な事業に動員された僧徒には僧侶資格証である度牒や、役を賦課する一種の身分証明書である号牌が支給された。これは戦争のために国役を担当する労働力が大きく減少するや、僧侶の労働力を活用する代価として僧侶の資格と活動を国家で認める施策が施行されたことを意味する。次の第一六代仁祖《インジョ》（一六二三―一六四九在位）の時には、中国東北部から出た女真族の後金が軍事的に脅威となると、国境の防備態勢を強化し、ソウル近郊に南漢山城《ナマンサンソン》を造営したが、ここでも僧軍が動員されて工役と防御に参与した。一六二七年の丁卯胡乱《チョンユホラン》と一六三六年の丙子胡乱《ピョンジャホラン》の時は、壬辰倭乱の伝統を継いで僧軍が再度組織され戦闘に参加することもあった。

一方、第一八代顕宗《ヒョンジョン》（一六五九―一六七四在位）の時代である一六六〇年代には一時的に抑仏政策が再開された。すなわち王室と密接な特定の寺院を除き、寺院の免税地と一部残存していた寺社奴婢が没収された。また、各宮房で指定した寺刹願堂が廃止され、都城に残っていた比丘尼の寺院が撤廃された。これらは王室仏教に大きな打撃を与えたが、性理学的な名分論と中華正統主義に偏った山林出身の儒学者たちが当時の政局を主導する中で、朝鮮時代後期に類例のない抑仏施策を断行したのである。

しかし第一九代肅宗《スクチョン》（一六七四—一七二〇在位）以後には抑仏施策がそれ以上再開されず、北漢山城《プッカンサンソン》を築造し防御する際に僧軍が動員され、全国の僧軍の管理統率を担当する南北漢山城八道都摠摂が任命された。第二一代英祖《ヨンジョ》（一七二四—一七七六在位）の時代も「儒教の道が盛んになっているのに、どうして異端が損なうことができるだろうか」という国王の言葉から見られるように、仏教に対する放任政策の基調が続けられた。また英祖代を含めて朝鮮時代後期に何度か願堂廃止令が下されたが、王室の経済基盤と関連した願堂廃止は現実的に容易なことではなかったため、王室の願堂は朝鮮末まで存続した。一方、英祖代には南北漢山城に一年に六回、各地の僧侶たちを交替で動員する従来の賦役方式の代わりに、お金を出して常住の僧軍を支援する義僧防番銭制度が施行された。これはこの時期の徭役の金納化政策と脈を同じくするものであった。次いで第二二代正祖《チョンジョ》（一七七六—一八〇〇在位）の時代には、政局を主導していた老論《ノロン》派勢力の独走を防ぎ、様々な派閥の人事を偏りなく登用する蕩平《とうへい》という政策と王権強化とが推進された。この時期の仏教は、国王の保護と管轄の対象となり王権強化にも一役買った。正祖は以前に廃止された王室の願堂を復活させ、先王の願刹を重修したが、これは王室の権威を高め、願堂を通して財政的な基盤を確保するためのものであった。

特に正祖は、政治的に表に出すことができなかった父親に対する孝を、仏教を通して解消しようとした。正祖の生父・思悼世子《サドセジャ》（一七三五—一七六二）は老論派勢力の陰謀によって死を余儀なくされたが、英祖に次いで即位した正祖は、父親の無念の死を政治的に表沙汰に出来なかったため、別の方法で解決策を求めたのである。すなわちソウル南方の郊外に新都市である華城《ファソン》を建設し、父の墓を移葬して顕隆園《ヒョンニュンウォン》を造成し、その近くに一種の陵寝寺として龍珠寺《ヨンジュサ》を創建した。龍珠寺の建立には中央官庁である戸曹はもちろん、地方官衙と各宮房から経費が支援され全国的に寄付金を集めた。龍珠寺は、全国の寺院を統括する五糾正所《オギュジョンソ》の一つとなり、その住持は全国の僧侶たちを統率する八道都僧統に任命され、龍珠寺の僧侶たちは僧軍として国王の親衛部隊である外壮勇営に編入された。朝鮮時代後期の代表的な学者君主であった正祖は、「君主の学問は儒学の道を優先しなければならないが、士大夫とは異なり仏教や道教もまた必要である」と述べ、一般の官僚とは内容や次元が異なる国王としての統合的な学問観を披歴した。彼は、僧侶もまた民衆であり、誰でも自分の臣民であるという点を掲げ、仏教は異端ではあるが国の助けになると述べるなど、その現実的な効果を強調した。

正祖の死後の一九世紀になると、王后と外戚勢力を中心に政局が運営される勢道政治が始まり、政治的な特恵と社会的な混乱が重なって公の綱紀が崩れ、国家の運営システムが瓦解した。また経済的矛盾が深まり、社会の両極化現象が加速化し、仏教界の場合、地方の官吏や儒生たちが寺院を私的に侵奪したり過重な負担を要求するなど、財政的な困難に直面した。これに政府次元で主要寺院の雑役を廃止し、願刹の場合には特恵が下されることもあった。また国王と王室、権門一族を中心に国家の安定と一族の繁栄を祈る大規模の仏事とともに、寺院に対する支援が行われた。

朝鮮は一九世紀に入ると多くの内憂外患に直面し、その結果、現実的な困難に打ち勝ち、安定と内政の安寧を追求するための多様な宗教的な行為と願望が噴出した。この時期は一種の「宗教の時代」と言うことができるが、長い伝統を持った仏教はもちろん、西洋から入ってきたカトリックが政府の強力な弾圧の中でも徐々に教勢を拡張して行き、東学《トンハク》をはじめとした新興宗教、民族宗教が新たに浮上した。特に一八世紀末から一九世紀前半にかけて、カトリックが国家の基盤を揺るがす代表的な邪教と認定されるにしたがい、もはや仏教は打破、克服される他者ではなく、朝鮮的な伝統の一つとして認められ始めた。また宗教の自由が公式的に認められた近代に入ると、大韓帝国《テハンチェグク》期である一九〇二年に寺社管理署が設置され寺刹令が頒布された。この時、ソウル近郊の元興寺《ウォンフンサ》が全国の首寺刹であると共に大法山に指定され、政府による公式的な仏教教団の管理が施行された。これはキリスト教と日本仏教の進出に対処するための国家次元の近代的宗教政策の一環であったが、日本の政治的侵略が表面化する中、二年で廃止されてしまった。

2　朝鮮時代後期——教団の存立と仏教信仰

朝鮮時代後期の仏教の存立基盤は、僧侶の資格に対する公的な認定と寺院経済の安定的な構築に求められる。壬辰倭乱以後、国家は僧侶の労働力を活用する対価として僧侶の資格と活動を容認する政策へと転換した。すなわち、壬辰倭乱当時には、義僧軍の活動に動機付けをするとともに功績を褒章するため、度牒に相応する禅科を支給し、八道都摠摂と各道別に二人の摠摂を置いて義僧軍を組織、統率するようにした。以後、光海君の時代に宮殿の造成などに僧軍が動員され、仁祖の時代にも南漢山城の築造と二度の胡乱を経て、僧軍の活用と僧侶の資格認定の措置が取られた。すなわち、南漢山城の築造と防備のために碧巌覚性《ピョガムカクソン》（一五七五—一六六〇）を八道都摠摂に任命し、主に朝鮮南部の僧侶を動員して工事と防備を担当させ、彼らには度牒を発給した後、軍役を担当したことを証明する号牌を支給した。

一七世紀には、このように宮殿、山城、陵墓、堤防などの造成に僧侶の労働力が積極的に活用された。当時、良人の役の急激な減少により国家の徭役体系が労働力の徴発の代わりに金納化に展開する状況の中で、動員が容易で労働の効率性が高い僧役に注目して、これを国役の体系の中に編入させたのである。加えて一七世紀後半からは、僧役が職役の一つとして僧侶が戸籍に登録されるなど、一般民と変わらない体制内の存在となった。僧役の付加は、仏教界に大きな負担ではあったが、役により僧侶資格が認定されるにともない、安定的な人的再生産が可能となり、また国家事業に参加することにより、社会的な批判からある程度逃れることができた。

一八世紀にも南北漢山城義僧軍の防御体制が持続し、『朝鮮王朝実録《ちょうせんおうちょうじつろく》』などを保管する四大史庫の守護や辺境地域の軍役の一部を僧軍が担当した。一方、主要寺院には各種の雑役とともに紙などの特定の貢物の納付額が指定され財政的な負担となった。このように仏教界が担当する人的、財政的な負担が過大であり、それに対する反発が起こると、英祖（一七二四―一七七六在位）代には、僧侶も民衆であるという点を挙げて南北漢山城の交替の立役を中断し、常住僧軍に対して各地の寺院で金銭を出して支援する防番銭制が施行された。すなわち時代の流れにしたがい国役に僧侶の労働力を直接活用する方策の比重を減らし、金納化の方向へ転換したのであった。正祖（一七七六―一八〇〇在位）代には、その他の雑役と貢物の負担もあり、寺院の経済的な負担が大きいとして、南北漢山城の防番銭が半減されることもあった。

このように特殊な性格を持つ僧役の付加と一部の地方官、儒生たちの私的な侵奪、および僧侶の労働力動員を根拠に、朝鮮時代後期の僧侶の社会的身分が賤人と異ならず、僧侶が八賤の一つであったという認識が一般的に通用してきた。しかし僧役は良人の役に準ずる義務であり、何よりも僧侶は世代を次いで世襲される社会的な身分ではなく、自分の意志にしたがって出家した出世間的な存在であった。朝鮮時代後期の僧侶たちの出身階層は、両班から良人、賤民まで多様であり、高僧たちは大概、漢文を読み、文字が書ける知識人層で、両班、士類出身も少なくなかった。僧侶が八賤の一つに入るという認識は、前にも触れた日本人の学者・高橋亨が『李朝仏教』（一九二九）で提起したものである。しかし、これは朝鮮時代後期に仏教が沈滞し、僧侶が社会的に軽蔑を受けたと主張しながら提起されたもので、朝鮮時代に通用していた七賤の概念に僧侶を勝手に追加しただけで、明確な史料的根拠を探すことはできない。

一方、朝鮮時代後期には僧役および雑役の負担の中でも寺院経済は安定した基盤を構築し、自立することができた。現存する伝統寺院の大部分が一七―一九世紀に重創され、また一七世紀から門派が成立し拡大しながら修行と教育体系が整備、維持され、信仰活動も盛行した。一七世紀以後の寺院経済の最大の変化は、僧侶が私有する農地の拡大と田畓私有の制度の適用であった。それ以前にも僧侶個人の土地所有が一部確認されることはあったが、朝鮮時代後期には僧侶の土地所有と相続が一般化しながら慣行として定着した。その重要な契機は壬辰倭乱（文禄の役）であった。長期の戦争により各地で土地の荒廃と所有権の混乱が起こった。これは寺院所有の土地も同様であったため寺院経済に大きな打撃を与えた。当時、廃墟となった寺院を再建、運営し、法脈により継承される門派を維持するためには、追加的な財政確保が必要であった。これとともに、現物の代わりに穀物で貢物を納める大同法が施行され、穀物を生産する土地の所有者が納税者として重要な意味を持つようになった。政府では僧侶個人の私有地を寺院内で相続することを禁じていたが、一七世紀の中盤には世俗の親族の間だけでなく、僧侶の師弟の間に個人の土地を相続することを法的に認めた。これは僧侶個人が、父母や師匠から譲り受けた田畑を弟子に相続し、結局、その土地が寺院や門派の所有として代々の継承が可能であることを意味する。

このような基盤の上に寺院財産の増殖と財政運営のための組織的な活動が盛行したが、それは寺刹契《サチャルケ》と補寺庁《ポサチョン》による補寺活動である。寺刹契は僧侶を中心として、信徒たちまで参与する信仰団体の性格を帯びた契会であり、土地を購入し、これを媒介として殖利を追求し、寺院に寄付したり殿閣を造成する方式が一般的であった。同じ年輩の者たちで結成する甲契、同じ門派の僧侶たちで組織した門中契、寺院の殿閣単位で造成および重修を推進する仏粮契が代表的であるが、仏粮契に地方の官吏たちが大挙参加した事例も確認される。また信仰中心の寺刹契としては念仏契が代表的であり、その他にも七星契、弥陀契、地蔵契などがあった。また寺刹の周辺の山林を育成するための松契、僧侶教育のための学契、梵唄の伝授のための魚山契など、特定の目的の多様な契が存在した。一方、補寺庁は高位の職にある僧侶たちが中心となって寺院の財政の自立を追求した一種の私設の金融機関であった。

このほかにも、有力な一族の後援や斎会、祈祷などを通して入ってくる布施金など、伝統的な収入源も変わらず存在した。また朝鮮時代後期には寺院が王室や宮房などの願堂に指定されると公的な財政負担が減り、公権力の侵奪から逃れることができ、私的な後援を通して経済的基盤を確保することができた。そのため願堂を詐称する寺院が出てくるほどであった。一方、朝鮮時代後期には僧役および各種の雑物、貢納などを行いながら、僧侶たちが手工業などの専門技術者として活動した場合も多くあった。寺院で主に担当した紙の生産と木版印刷技術の蓄積はもちろん、優れた木工と石工も輩出した。

壬辰倭乱（文禄の役）以後、廃墟となった寺院が重建され始めたが、戦争の被害を克服し、国家財政が戦争以前の水準へ回復した一七世紀後半から大規模仏事が集中的に行われた。これは一般社会と寺院の財政基盤が、この時になってある程度回復したために可能であったことで、各地の寺院で大規模な殿閣が重創された。一八世紀後半、正祖代に作られた『梵宇攷《ぼんうこう》』では、全国の寺院と大きな庵子を一七六〇余カ所と把握しているが、これは朝鮮時代前期に比べてむしろ増加した数である。また多くの仏像と仏画の制作、これを担当した多様な画僧集団の存在、野外法会のための大規模な掛仏《ケブル》の絵の造成などを通して寺院経済の物的な土台が充分に備わったことを確認できる。このような仏事の盛行と寺院経済の拡大は、仏教信仰を媒介とした王室および有力家、一般の民衆たちの寄付と参加があったために可能であった。

家族倫理と礼制、親族関係と相続の規則など、多様な側面で本格的な儒教社会に入ったと評価される朝鮮時代後期に仏教がこのように存立することが可能だったのは、王室はもちろん、一般人の信仰として仏教の宗教的な地位と比重が維持されたためである。儒教国家を標榜した朝鮮は、一六世紀後半以後、一七世紀に入ると、政治的には性理学に精通した士林勢力が地方社会と中央政界を掌握し、社会的には儒教的な宗法と父系中心の血縁認識が一般化された。これにともない儒教式の喪礼と祭礼が一般人にまで普及し、儒教的秩序が社会の底辺にまで拡散した。これは仏教的来世観と儀礼がもたらした伝統的な役割のかなりの部分を蚕食する結果を生んだ。しかしながら、来世の祈願と追福という仏教の宗教的な効用は、死後の世界を否定する儒教が代替できるものではなかった。

朝鮮時代後期の仏教信仰の代表的な類型を紹介すると次のようになる。第一に、東アジアで仏教信仰を代表する念仏信仰が大きく流行したが、西方極楽浄土への往生を祈願する阿弥陀浄土信仰が主流となった。一九世紀には約二七年間、毎日念仏を唱える万日念仏会が各地で挙行されるなど、浄土信仰は朝鮮時代後期に継続して盛行した。第二に、来世の信仰として、あの世である冥府の十王信仰と地蔵信仰が特に流行したが、伝統寺院の中にある地蔵殿や冥府殿、十王殿は、その盛行の事実をよく示している。第三に、現世信仰としての真言および陀羅尼を中心とする密教信仰の活性化を挙げることができる。密教は元来、即身成仏を念願するもので現世的な利益を追求する傾向が強いが、朝鮮時代後期には真言にハングルと漢字で発音を付記した真言集と陀羅尼集が大きく流行した。第四に、長い歴史を持った弥勒信仰が、この時期には巫俗と結合して現実的な願望と病気平癒を祈願する形態で地方に現れ、新しい時代を夢見る変革運動と結合した事例も見える。第五に、現世信仰としての観音信仰も過去に比べると比重は減ったが持続した。第六に、民間信仰と習合した形態の仏教信仰が一般化した。一七世紀以後、道教的な七星信仰を行なう七星閣、伝統的な山神を奉安する山神閣、独りで悟ったと言う那般尊者《なばんそんじゃ》を奉安した独聖閣などが寺院内に建てられた。この三聖閣の造成は壬辰倭乱の後、寺院を新たに重建する過程で自然発生的に起きた現象であった。これは儒教社会において非主流に追いやられた仏教と民間信仰とが互いに共存を模索した宗教複合体としての性格を持ち、寺院空間内で多様な目的の宗教的需要を創出することができた。

一方、一五九二年に勃発した壬辰倭乱と一六三六年の丙子胡乱は、国王の権威を失墜させ民心も大きく動揺した。そして一七世紀前半には現世と来世の福楽を祈る仏教信仰が盛行し、国家レベルでも民心の安定のためにこれを後押しした。壬辰倭乱当時、戦争のため亡くなった者たちを埋葬し霊魂を慰める薦度斎を僧侶たちが主として執り行った。戦争以後にも、ソウル近郊で仏教法会が開かれ、居士仏教が盛行して社会問題となったこともある。このような時代の雰囲気の中、各寺院では国王と王妃、王世子の長寿を祈る願牌《ウォンペ》を立て、王室と国家の繁栄を祈願した。

壬辰倭乱の時、僧軍の活躍を直接目にした光海君（一六〇八—一六二三在位）は王位に上るや、僧軍を宮殿の造成に参加させ、清虚休静の同門である浮休善修《プヒュソンス》（一五四三—一六一五）などに仏教の教えを問い諡号を下賜することも行なった。善修の首弟子である碧巖覚性は、仁祖代に南漢山城の八道都摠摂となって築城を主導し、大規模の後援を受けて松広寺、華厳寺、法住寺《ポプチュサ》など全羅道と忠清道一帯の寺院の重創を主管した。後に孝宗《ヒョジョン》（一六四九—一六五九在位）となった鳳林大君《ポンニムテグン》は、彼に華厳の要諦を問い、即位するや、覚性が住職した華厳寺を禅宗大伽藍に指定した。次の顕宗（一六五九—一六七四在位）は、一時的に抑仏施策を行ったが、二人の公主を失った後には願刹を建て仏教式の追薦儀礼を行なった。粛宗（一六七四—一七二〇在位）も、朝鮮太祖と関連が深い咸鏡道の釈王寺《ソグワンサ》に親筆を書き、華厳寺の覚皇殿が重創されるや、禅教両宗大伽藍と書いた懸板を下賜した。

一八世紀は朝鮮時代後期の文化的ルネサンスの時代であり、多くの寺院が重修され多数の仏像と仏画が作られた。王権強化と孝の実践のために仏教を活用した正祖は、龍珠寺を創建した時、「父母の恩恵に応えるために福田を作って供養する」という内容の「奉仏祈福偈」を書いた。また『父母恩重経《ぶもおんじゅうきょう》』を大々的に刊行し、各地方の官庁と寺院に配布して史庫も奉安したが、この時の版本には往生の後、極楽での安楽な姿を描いた絵画が新たに追加された。また、正祖は釈王寺、仙巌寺《ソナムサ》などで一〇〇日間の祈祷の末に王子を得ると、これらの寺院に感謝の文と土地を下賜することも行なった。正祖は当時、「仏教は、儒仏道三教の中で、最も遅れて出てきたものであるがその霊験は極めてあらたかである。儒学者たちはこれを信じないが、信じざるをえない」と述べ喜んだ。すなわち父母と子供の福を祈願する最も重要な宗教的心性が仏教を通して発現したことが見られる。

一九世紀には、少数の有力な一族により政治が左右される勢道政治《せいどうせいじ》が展開し、民衆の反乱が相次いで発生するなど、政治社会的な混乱が深刻になり、後半期には外国勢力の進出により国家的な危機状況に直面した。この時代には、寺院に対する地方官および土豪勢力の私的な侵奪がひどく、講学や修行など、様々な側面で従来よりも衰退した様相が現れた。しかし、王室が後援した仏事と法会、仏書刊行などは持続したが、一九世紀後半期に入ると、国家の繁栄と国王の長寿を祈願するための公的な支援が増加した。特に、王室の願堂に指定された寺院は、雑役が免除され、私的な侵奪が禁止され、寺院の重修費用を準備するための措置がとられた。一般民衆の仏教信仰も持続したが、一九世紀の特徴的な現象としては、信仰組織である各種の結社が作られ、寺刹契が盛行し、念仏会が全国的に流行した点を挙げることができる。これは当時の社会不安と現実に対する危機意識を反映したもので、信仰組織および経済団体の結成を通して多様な仏事を行い、これを通して心の安定と現世および来世の安楽を祈ることができた。

一九世紀の仏教に対する後援の代表的な例を紹介すると、まず興宣大院君《フンソンテウォングン》は、息子の高宗《コジョン》（一八六三―一九〇七在位）が即位した功徳のために、ソウル近郊の寺院の重創仏事を支援し、懸板を直接書いた。高宗代には守国寺《スグクサ》など、ソウル近郊の王室関連寺院が中興し、国家の繁栄を祈願する各種法会が行なわれた。一八七九年、王孫の誕生を祝い、江原道の乾鳳寺《コンボンサ》を王室の願堂と指定し、妙香山の祝聖殿、松広寺の聖寿殿なども高宗の後援により建立された。また政府高官や名門一族の仏教後援の例も数多く確認される。この時代の代表的な学者であった秋史《チュサ》金正喜《キムジョンヒ》（一七八六―一八五六）の家は忠清道礼山に願刹を持っており、彼と父親は海印寺の重建にも関わった。代表的な権勢家の一族である安東金氏の家もまた代々、寺院の仏事を支援してきたが、驪州の神勒寺《シルロクサ》が主な対象であり、その他にも権勢家の一族で金剛山《クムガンサン》一帯の寺院を後援した例を見ることができる。

一九世紀は政治的な混乱期であるとともに各種の宗教が新たに勃興した時代であり、西学の急速な流入とカトリック信者の増大が政治・社会的な問題となった。朝鮮政府はカトリックを伝統的な倫理と社会秩序、そして国体を危うくする邪教と認定し、それまで異端とされてきた仏教に比べてもカトリックがはるかに危険な存在であるとの烙印を押した。一方、朝鮮時代後期の儒学者たちのカトリックに対する認識は、従来の仏教に対する理解を基盤として得られた。

すなわちカトリックは天堂と地獄、禍福の説で世の中を騙し、民衆を欺く宗教とされ、この点で仏教と変わらないものと見られた。カトリックと仏教の大きな教理的な違いにもかかわらず、朝鮮にカトリックが入り、大衆に受容され広まることができたのは、長い期間、仏教を通して蓄積されてきた宗教的な土壌があったからこそ可能であった。一九世紀は「宗教の時代」ということができる時代であり、既存の阿弥陀仏、観世音菩薩のほかに、神を信じて天国に行くことができる道が新たに開かれたのであった。

3　仏教思想の継承と教学の伝統

朝鮮時代後期の仏教は、国家から公認された公式の宗派がない状態で教団の存立を追求しながら禅と教の仏教伝統をともに継承しなければならなかった。朝鮮時代後期の仏教の宗派的な特性は、禅宗である臨済宗の法脈の継承と看話禅を中心とした禅の修行方式、これに華厳を中心とした教学伝統の継承、すなわち禅教兼修の志向と要約することができる。禅教兼修の志向は一七世紀前半に整備された僧侶の教育課程である履歴課程と禅教、念仏の三門修学の体系により成立した。

このような法統と修行伝統の継承、思想および教育体系の確立は、僧侶の組織化とアイデンティティの共有を前提とする系派および門派の形成があったために可能なことであった。壬辰倭乱以後、疲弊した郷村社会の支配秩序を新たに確立する面から、士族を中心として父系中心の儒教的、宗法的な親族体制が強化された。これに有力な一族の門中組織と同族村などが作られ、家門意識が強調され、また家父長的な親族を支えるために『朱子《しゅし》家礼《かれい》』に依拠した礼学が重視され、族譜の編纂が盛んに行われるようになった。このような時代背景の下で、戦争を経て組織化された仏教教団でも、臨済宗の法統の正統性を共有しながら同一の法脈の継承を骨子とする系譜と門派が形成されたのである。

朝鮮時代後期の僧侶の法脈は、大きく清虚休静（一五二〇―一六〇四）の清虚系と浮休善修（一五四三―一六一五）の浮休系とに大別される。この中、壬辰倭乱の時に義僧軍を起こし、多くの弟子を養成した清虚休静の活躍によって清虚系の規模と比重が極めて大きかった。清虚系はさらに鞭羊派、四溟派、逍遙派、静観派の四大門派に分かれた。鞭羊彦機《ピョンヤンオンギ》（一五八一―一六四四）の鞭羊派は、休静の入寂地である北方の妙香山を主要な根拠地とし、一八世紀以後、全国的に勢力を広げて最大の門派となった。休静の実質的な直弟子である四溟惟政《サミョンユジョン》（一五四四―一六一〇）の四溟派は、一七世紀前半までは清虚系の代表門派としての位相を維持したが、以後、鞭羊派に押されながら東方の金剛山一帯と東南部の慶尚道地域を中心として活動した。逍《ソ》逍遙太能《ヨテヌン》（一五六二―一六四九）の逍遙派と静観一禅《ジョングアンイルソン》（一五三三―一六〇八）の静観派は主に西南部の全羅道地域を根拠地として門派としての正統性を継承した。

一方、浮休系は、清虚休静の同門である浮休善修の時代には、清虚系とは異なる系派的な独自性を持たなかったが、一番弟子である碧巌覚性（一五七五―一六六〇）が南漢山城の初代の八道都摠摂を歴任しながら、系派としての地位を固めた。浮休系は、浮休善修の末年に順天の松広寺の重創に参与しながら、以後、松広寺を本寺とするようになり、全羅道地域である湖南を中心として忠清道と慶尚道の一部の地域まで勢力を拡張した。特に栢庵性聡《ペガムソンチョン》（一六三一―一七〇〇）の代になると、松広寺を建立した高麗時代の普照知訥（一一五八―一二一〇）の遺風を宣揚しながら、系派的な正統性を固めていき、浮休善修以後、浮休系の弟子たちの塔が松広寺の浮屠殿に整然と建てられるようになった。

系派と門派の成立は、これを一つに結合する法脈に対する共通認識を前提とする。一七世紀前半に提起された法統説は、公式の宗派がない状態で禅宗として仏教界の正統性を対内的に標榜したものであった。一六世紀前半の法制的な廃仏により禅の法脈が実質的に断絶された点を反映し、清虚休静の時代には、高麗から伝わる法脈の系譜に対する認識や継承意識は現れなかった。休静は、祖師である壁松智厳《ピョクソンチオム》（一四六四―一五三四）が正心禅師から教えを受けたが、実際には中国南宗禅の開祖、六祖慧能（六三八―七一三）の嫡孫であると同時に、宋元代の臨済宗の禅僧である大慧宗杲（一〇八九―一一六三）と高峰原妙《こうほうげんみょう》（一二三八―一二九五）の看話禅風を遠く継承したと述べている。ところで休静の死後、弟子の四溟惟政の意志により、一六一二年、崇仏の儒学者である許筠《ホギュン》（一五六九―一六一八）が法統説を最初に提起した。その内容は、高麗禅宗の多様な伝統と普照知訥を包括する一方で、高麗末の懶翁慧勤（一三二〇―一三七六）が中国臨済宗の法脈を伝受して帰国し、それが休静に継承されたという内容の高麗懶翁法統説であった。

以後、一六二五年から約一五年間、休静の末年の弟子である鞭羊彦機が主導して、既存の許筠の法統説を否定して臨済太古法統説を新たに主張した。これは高麗末の太古普愚（一三〇一―一三八二）が中国臨済宗の正統法脈を継承し、それが休静に継承されたという内容である。この法統説は、仏教界の同意を得て公的なものとなったが、これは当時、中華の道を継ぐという朝鮮儒学の道統に相応する正統論的な認識の所産であった。また、前の許筠の法統説と同様、高麗末から朝鮮初の仏教界を主導した懶翁恵勤の直系の門孫たちを排除したが、これは朝鮮時代前期の勳旧（朝鮮王朝建国に功績のあった家系）勢力を排除した、当時の政局の主導勢力である士林の歴史観と類似したものであった。

このように朝鮮時代後期の仏教は臨済宗の法統を標榜し、禅宗としての正統性を確保し、それに符合する看話禅優位の修行気風を打ち立てた。しかし、当時の時代的課題は、禅宗だけでなく教学とそのほかの多様な儀礼、信仰の伝統を総合することであった。したがって実際の僧侶の教育と修行の方法や思想的な志向は、禅と教をともに修学するものとして現れた。

朝鮮時代後期の仏教の枠組みを定めた清虚休静は、禅と教の葛藤を意識しながら看話禅優位の禅教兼修を志向した。彼は『禅家亀鑑《ぜんかきかん》』で看話禅を最高の修行方式と見ながらも、衆生の能力の違いを考慮して教学を修行の方便ないし入門として認める「捨教入禅《しゃぜんにゅうきょう》」を掲げた。また休静が提起し、弟子の鞭羊彦機が体系化させた三門修行方式が朝鮮時代後期に行われるようになった。三門とは、看話禅修行の徑截門《けいせつもん》、華厳を根幹とする教学修学である円頓門《えんどんもん》、「自性弥陀、唯心浄土」を標語として念仏と禅を結合した念仏門《ねんぶつもん》である。この三門修行は一七世紀中盤、振虚捌《チノビヨルグアン》関が書いた『三門直指《さんもんじきし》』（一七六九）で、その詳しい方法を整理している。三門修行は、すべてのものを同時に修する全修というよりも、それぞれを専門的に修学しながら他のものも兼修する方式であった。普通、教学研究と禅修行とを並行したり、その中の一つを専門的に修学し、末年には念仏に専念するというのが一般的な傾向であった。三門修学が定着した事は、大きな寺院内に講院、禅院、念仏堂がともに造られた例からも確認される。

また、一七世紀前半には僧侶教育課程である履歴課程が定められた。当時、四集科、四教科、大教科が備わり、後代には基礎課程である沙弥科が整備され、専門課程である随意科も生まれた。四集科は、看話禅を主唱した大慧宗杲の『書状《しょじょう》』、元代の看話禅僧・高峰妙峯の『禅要《ぜんよう》』、禅教一致を主唱した唐の宗密（七八〇—八四一）の『禅《ぜん》源《げん》諸《しょ》詮《せん》集《しゅう》都《と》序《じょ》』、宗密の著述を要約して普照知訥（一一五八—一二一〇）が註釈を付けた『法《ほう》集《じゅう》別《べつ》行《ぎょう》録《ろく》節《せつ》要《よう》幷《へい》入《にゅう》私《し》記《き》』である。これは朝鮮時代後期の仏教の特性である看話禅風と禅教兼修の方式を体得するものであり、これらの科目は休静の祖師である壁松智厳（一四六四—一五三四）をはじめ一六世紀から既に重視されていた書物である。

次に四教科は、心の問題を扱った経典、そして禅と教で重視した『金剛経』、『楞厳経』、『円覚経』、『法華経』である。この中、朝鮮時代前期に大きく重視され、水陸斎儀礼とも関連が深かった『法華経』は、一七世紀末以後、一心の構造を体系的に明らかにした『大乗起信論』に代替された。大教科は、教学の最高段階の経典として重視されて来た『華厳経』、禅の歴史と祖師たちの法語を集成した『景徳伝灯録』と『禅門拈頌』であった。『華厳経』と『景徳伝灯録』は朝鮮時代前期の僧科の試験教材にも用いられた。『禅門拈頌』は知訥の弟子・真覚慧諶（一一七八—一二三四）が刊行したものである。看話禅と禅教兼修を志向する四集科の内容からもわかるように、履歴課程体制には知訥の思想的な影響が大きく投影されている。

履歴課程の段階的な構造は、心—理—祖師風の習得（史）と要約できるが、これは朝鮮儒学者の学習方式を定めた栗谷李珥（一五三六—一五八四）の「義理（理）を把握し、こころ（心）を修養した後、歴史書（史）を通して識見を育てる」という性理学的な読書の順序と類似している。履歴課程の書物は一七世紀前半に大々的に刊行、流布し、その体制は僧侶講学の典範として現代まで伝わっている。

以後、一八世紀には禅教兼修の講学風土の中で「華厳の時代」といえるほど華厳教学が重視された。華厳教学の盛行は、明代の嘉興大蔵経《かこうだいぞうきょう》版本の仏書を載せて日本に向かった中国の商船が、一六八一年、朝鮮に偶然、漂着したことが契機となった。当時、浮休系の栢庵性聡がこれを入手し、その中の一九〇冊余りを大々的に刊行、流通させたが、その中には明代に校訂・刊行した本である唐の華厳宗四祖・澄観（七三八―八三九）の『華厳経疏鈔』と、元の普瑞が著した華厳玄談の注釈書である『会玄記《えげんき》』が含まれていた。それ以前には、高麗の大覚国師義天（一〇五五―一一〇一）と交流していた北宋の晋水浄源（一〇一一―一〇八八）が校刊した『華厳経疏』が講学の教材として主に用いられたが、当時の僧侶たちは『華厳経疏』に対する澄観自身の詳細な注釈書である『演義鈔』を求めるのが難しい状況であった。

栢庵性聡の刊行以後、華厳の講学が大きく盛行する中で、大規模な華厳法会と講会が開かれたが、喚醒志安《クァンソンジアン》（一六六四―一七二九）の金山寺法会には一四〇〇人、霜月璽封《サンウォルセボン》（一六八七―一七六七）の仙巌寺講会には一〇〇〇人が参加するなど盛況を見せた。また講学の講義ノートであると同時に、一種の注釈書である私記が数多く執筆されたが、履歴課程の四集科、四教科、大教科の教材がその主な対象となった。特に華厳に対する私記が主流をなしたが、それらは澄観の『演義鈔』とその要諦をまとめた『玄談』に対する注釈であった。講学の教材である私記の代表的な著者としては、一八世紀後半に活動した鞭羊派の蓮潭有一《ヨンタムユイル》（一七二〇―一七九九）と仁岳義沾《インナクウィチョム》（一七四六―一七九六）を挙げることができる。彼らは華厳をはじめ履歴課程の主要典籍に対する私記を残したが、一九世紀には湖南（全羅道）と嶺南（慶尚道）で、それぞれ蓮潭有一と仁岳義沾の私記を中心とした講学が伝承された。

湖南の華厳講学を代表する蓮潭有一が住職をしていた海南の大芚寺《テドゥンサ》からは、多くの教学の宗匠たちが輩出し、一二代の宗師と一二代の講師が出た。これは清虚系、鞭羊派と逍遙派の門流が華厳講学を媒介として宗師と講師の講脈を継いだものであった。大芚寺は、一八世紀後半に西山大師清虚休静の衣鉢と宗統が大芚寺に伝えられたという西山の遺意を掲げて、国家公認の表忠祠としての指定を受け、一二代の宗師と講師の講学伝授を根拠として、朝鮮全国の中心寺院であることを標榜した。一方、浮休系でも華厳講学が重視されたが、澄観の『華厳疏鈔』を刊行した栢庵性聡の法脈の継承者である黙庵最訥《ムガムチェヌル》（一七一七―一七九〇）も華厳と教学に精通して『諸経会要』などの著作を残し、慕雲震言《モウンチノン》（一六二二―一七〇三）から晦庵定慧《フェアムジョンヘ》（一六八五―一七四一）に続く教学の系譜も有名であり、湖南だけでなく嶺南の講学にも影響を及ぼした。

このように一八世紀以後に華厳学が特に重視された理由としては、『華厳疏鈔』とその注釈書である元代の『会玄記』の刊行と流通が直接的な契機となっただけでなく、新羅義相（六二五―七〇二）以来の悠久なる華厳学の伝統、高麗と朝鮮初まで教宗を代表する華厳宗の歴史的な比重と地位も看過できない。また性理学が政治、思想、社会秩序全般を主導した朝鮮時代後期に、儒教の理気心性論に対応できる仏教思想として華厳教学の理論体系が注目されたという側面もある。性理学は、禅宗が心の作用を絶対視して、心を性と誤って理解したという批判から出発したものであった。したがってこれに対応して心性に対する仏教の哲学的立場を提示するためには、華厳の理と事の法界《ほっかい》、性起《しょうき》と縁起《えんぎ》、仏性と衆生心の「一即多、多即一」の概念のような理論的な武器が必要だったのである。朝鮮時代後期に仏教側から『心性論《しんしょうろん》』のような本が出、心性と関連した論争が起きたのもこれと関係する。

以後、一九世紀には禅の分類と優劣をめぐる禅論争がほぼ一〇〇年間繰り広げられた。これは一八世紀に教学の理解が深められた結果、教学の中でも特に華厳を禅の体系の中にどのように位置づけるのかが問題となったことによる。禅論争の発端を開いたのは白坡亘璇《ペクパクンソン》（一七六七―一八五二）である。彼は教学に専念していたが、四〇歳以後、教を捨てて禅の優越性を積極的に主張した。白坡亘璇は、修行者の能力にしたがい、禅を祖師禅《そしぜん》、如来禅《にょらいぜん》、義理禅《ぎりぜん》の三種の順で区分したが、前の祖師禅と如来禅だけが格外の禅であり、教学を含んだ義理禅は文字と理解に偏った段階であるとして低く評価した。彼は、この三種禅を九世紀の中国の臨済宗の創始者である臨済義玄《りんざいぎげん》の三句に立脚してレベルの違いとして把握し、禅の五種の中、臨済宗を最も優れたものと見、優劣の観点で理解した。

これに対して大芚寺の第一三代宗師として追尊された草衣意恂《チョウィウィスン》（一七八六―一八六六）は、禅をレベルの違いとして理解した白坡亘璇の主張を一条ずつ批判した。彼は方便上、人を基準として祖師禅と如来禅と分け、法を基準としてそれぞれ格外禅と義理禅とに区分できるが、本質的には互いに優劣やレベルはないと見た。すなわち祖師の格外禅と如来の義理禅は仏の心（禅）と言葉（教）であり、両者は同じ根源から出てきたものであるから互に異ならないと見たのである。このような認識は、禅宗の法脈を継承しながらも、華厳をはじめとする教学を重視した朝鮮時代後期の仏教の伝統に忠実な立場といえる。以後、これらの説をそれぞれ継承する者たちが、相互に批判を行う過程で自説を新たに追加しながら二〇世紀初めまで禅論争が続いた。その中で、祖師禅を禅宗、如来禅を華厳と規定したり、華厳の四法界を三種禅に対比させるなど、さまざまな興味深い主張が提起されることもあった。

4　儒仏の相互認識と交流

性理学が政治と思想、社会を主導した朝鮮時代後期にも、一部では儒学者と高僧との間の人的、思想的交流が持続し、儒仏の接点を探るための仏教側の努力も続けられた。特に一心を媒介とした儒仏道三教の合一の主張、儒教の「性即理」に対比される「心即理」に基づいた心性理解が朝鮮時代後期の仏教の思想的な特徴であった。また、一七世紀以後には、一般の儒学者たちと同様、僧侶たちの文集も数多く刊行され、高位の官僚と有名な文士たちによる高僧の碑文が作られ、各地に碑が建てられた。

朝鮮時代後期の学僧たちは、一般的に儒学に対する基本的な素養を持ち、名士たちと詩文を交換したり、思想的な交流を行なった者たちが少なくなかった。清虚休静も出家前に儒学を学び、儒仏道の要諦を整理した『三家亀鑑《さんかきかん》』を残した。休静は当代の名儒であった曺植《チョシク》（一五〇一―一五七二）、奇大升《キデスン》（一五二七―一五七二）などと詩文を交流し、以後、彼の碑文と文集の序文を、名文章として有名な李廷亀《イジョング》（一五六四―一六三五）、李植《イシク》（一五八四―一六四七）、張維《チャンユ》（一五八七―一六三八）などが作った。休静の弟子の四溟惟政も、当代の名儒たちに儒学と詩を学び、壬辰倭乱（文禄の役）の後、日本との戦後処理、および国交再開のために使臣として日本に赴く時、当時の高位官僚たちが送別詩を書いたこともあった。そのほかにも朝鮮時代後期の多くの僧侶たちが儒学者と人的な交流を持ち、僧侶の碑文と、文集の序文および跋文を士大夫と高官たちが作った。

儒学者の中にも仏教思想に精通したり、関心をもっている者がおり、僧侶と親交を結び詩文などを交流した名望家も少なくなかった。退溪李滉（一五〇一―一五七〇）とともに朝鮮時代の儒学を代表する学者である栗谷李珥（一五三六―一五八四）は、一〇代後半に母である申師任堂《シンサイムダン》（一五〇四―一五五一）の葬儀を執り行い、金剛山に入って一年間、仏教を学んだ。彼は「仏教の妙処は儒教から離れていないため、儒教を捨てては仏教に求めるものがない」と述べて山を降り、その著作『聖学輯要《せいがくしゅうよう》』の中で輪廻などの荒唐無稽な説は問題だが、仏教の心性論自体は精緻であると評価した。

四溟惟政と交流して法統説を提起するなど、仏教に理解を示す儒学者であった許筠《ホギュン》（一五六九―一六一八）も「上には儒学を高めて士類の習俗を整え、下には仏の因果と禍福により人心を目覚めさせれば、まんべんなく統治できる」という一種の儒仏並行論を主張した。また、実学の先駆者として知られた李睟光《イチョルグアン》（一五六三―一六二八）は仏教の「即心見性」と儒教の「存心明理」は、心の作用が同じではなく、根源もまた同じではないと述べながらも、主著『芝峰類説《しほうるいせつ》』では「異端は儒学の道に害となるが一方で利益もある。仏教の見心は心を放つ者への教戒となり、殺生を禁ずることは殺生を好む者への教戒となる」と述べ、倫理的側面から仏教の効用、価値を認めた。

一方、一七世紀中盤、白谷処能《ペゴクチョヌン》（一六一七―一六八〇）が奉った長文の上疏文「諫廃釈教疏《かんはいしゃくきょうそ》」

のように、仏教に対する世間の批判に対して再度反駁した好仏論も提起された。白谷処能は、中国と異なるという空間的な違い、中国三代の全盛時代以後に生じたという時間的な違い、因果応報と輪廻説の虚妄さ、経済的な害悪、政教の損傷などの仏教に対する批判の内容を整理し、それに対して一条ずつ反駁しながら仏教の効用を強調した。一八世紀後半の蓮潭有一（一七二〇―一七九九）は、朝鮮儒学の名分論と中華主義的な思潮を受容しながらも、当時の儒学者の仏教批判の内容に対しては反駁した。彼は、中国の著名な儒学者たちは仏教を深く探究して儒仏の根本が同じことを知っており、僧侶たちと理と自性に対して議論をし、性理学を作った朱熹（一一三〇―一二〇〇）も禅僧の影響により心法の要諦を悟り、仏教から得たものが少なくないと見た。また朝鮮の儒学者たちは、ただ仏教を虚無であるという理由で批判すると指摘しながら、当時、科挙試験にだけ専念する儒者たちを批判し、仏教の心性論と修行の優秀性を強調した。彼は儒学者たちが主に批判した仏教の輪廻や因果説に対しても、心の本性と作用の関係を通して解明した。

一七世紀中盤からは『釈門喪儀抄《しゃくもんそうぎしょう》』、『釈門家礼抄《しゃくもんかれいしょう》』、『僧家礼儀文《そうからいぎもん》』のような仏教儀礼集が刊行された。これらの書の序文には「朝鮮には仏家の喪礼に対する根本がなく、現在施行されているものは規範に合わない。『禅院清規《ぜんいんしんぎ》』など仏教の喪礼儀に依拠しているが、中国の法が朝鮮の礼と合っていないため、その要点だけを整理する」、「世俗の礼である『朱子家礼《しゅしかれい》』を取り『禅院清規』などに抜け落ちた内容を補充し、その節用を整理する」と刊行の理由を説明している。これら仏教儀礼集では、『朱子家礼』に依拠して喪服を着る期間である五服制を導入し、僧侶の師弟と世俗の親族を併せて遠近の関係を寸数により規定した。一七世紀には仏教界の門派が形成され、法脈を継いだ師弟間の結束と祭祀などの儀礼が強化され、これを背景として僧侶の私有田地を弟子と親族に相続することが法的に可能となるにしたがい、このような人的関係の網が喪礼中心の儀礼集にも反映されたのである。

朝鮮時代後期には仏教の心性に関する議論も深まった。一七世紀に雲峰大智《ウンボンテジ》（生没年未詳）が著した『心性論《しんしょうろん》』は、仏教の伝統的な心性理解に基づいたものである。ここでは一心＝如来蔵＝仏性を前提として、心＝性の観点から真心と自性がすなわち仏であり、法であるという「真心即性」を主張した。雲峰大智は「人それぞれの法身は結局一つ」という当時の主張を批判し、「人それぞれは円満である」という立場を示した。以後、一八世紀には蓮潭有一と黙庵最訥（一七一七―一七九〇）との間に心性論争が繰り広げられたが、有一は「仏と衆生の心は各々別に円満であるが本来は一つ」という立場を開陳し、最訥は「仏と衆生の心は各々別に円満であり本来は一つではない」という主張を繰り広げた。前者は、一心が現象の各個体に顕現してそれぞれが円満であるというものであり、後者は、仏と衆生の心がそれぞれ、それ自体の完結性を備えているため、各個体の本性自体を重視したものである。これは真理と現象の体用不二的な観点の性起と、現象および個体の相対的な関係を重視する縁起の立場とに大別される。また華厳の法界観を通して見ると、前者は理の本来的な側面を強調したものであり、後者は事の独立性を重視したものである。そして両者ともに理事無礙に立脚した事事無礙を前提としている。

一方、このような心性に関する議論は、当時の儒学の理気心性の議論に比肩されるが、仏と衆生の心、聖と凡との一元性と多元性に関する関係規定は、湖西地域の学者と漢陽の学者との間で繰り広げられた湖洛論争における人性と物性の同異、聖心と凡心の同異の論争と対比される。すなわち天理の究極性と理気の関係性にしたがい、本然之性と気質之性に対する立場の違いとも関連がある。東アジアにおける心の本体、原理と現象に対する解釈は、仏教と性理学など、大部分の思想に共通する関心事であり、そうした基盤の上に心学と理学の構図が形成されたのである。性理学では、本性に内在した真理の絶対性を根拠として仏教の心理解に対して相対主義または虚無主義であると批判した。これに比べて一心の本源性を掲げた「心即理」の構図の中で、一元的な絶対性と多元的な相対性を議論したことは「性即理」を前提とした本然之性の絶対性と気質之性の差別性の議論と対応する仏教的な論理の開陳であった。さらにこれは仏教の一心と儒教の天理とを接続する可能性を内包している。

一九世紀には清から入った考証学《こうしょうがく》、および西洋の学問の影響で、思想界の雰囲気が変化する一方、朝鮮の思想伝統に対する総体的な理解と新たな解釈も試みられた。考証学の影響により、注釈と解釈を盛り込んだ百科全書の形態の書物が多数編纂され、実学の巨頭である茶山《タサン》・丁若鏞《チョンヤギョン》（一七六二―一八三六）の薫陶により、仏教界でも寺院の歴史書である寺誌が史料考証を経て製作され仏教史書の編纂が流行した。こうした中で儒学者たちの仏教に対する理解も深まり、清の最新の学風を伝授した秋史《チュサ》・金正喜《キムジョンヒ》（一七八六―一八五六）の場合には、仏教経典に深い理解を持ち、禅論争に直接参加し、禅の弊害を指摘し、教学の重要性を強調することもあった。金正喜は、草衣意恂、白坡亘璇などと多くの書信を往来して交流しながら、禅思想と仏教教理とに対する議論を行ったのである。草衣意恂は金正喜の学問と芸術とを一致させる学風に影響を受け、茶道と書画など多方面に精通した。また白坡亘璇が結社を組織して禅修行を実践する時に書いた文には、名門一族出身の高官や有名な性理学者が直接序文を書くこともあった。このように一九世紀には儒教と仏教とを厳格に区分するよりは、互いに、流入した西洋の学問に対比される朝鮮的な伝統の精髄としてそれらの価値を探し、新たな時代的な意味を付与しようという傾向が現れた。

VI　近代――植民地仏教の屈折と近代性の模索

1　近代仏教史の展開

一九世紀後半から西洋諸国が東アジアに本格的に進出し、日本が軍事大国を追求する中で、朝鮮は近代文明の受容と主権の守護という時代的な課題に直面することになった。東アジアでは日本が一八五四年に米国と締結した日米和親条約により最初に近代的な開国を行なった。日本は一八六八年に明治維新を断行した後、近代化路線を積極的に推進して西洋の帝国主義を踏襲した。一八七六年、江華島条約を契機に朝鮮が開港すると、日本側は持続的な圧迫と軍事的な威嚇とを加えた。次いで日本は清、ロシアとの戦争で勝利し、東アジア世界の覇者として浮上した。日清戦争で勝利した日本は、その対価として一八九五年に台湾を植民地とし、一九〇四年から一九〇五年にかけての日露戦争の直後から本格的に韓国の内政に介入し、最終的には一九一〇年に日韓併合を達成した。

一方、明治初の神道国教化の推進と廃仏毀釈の施策以後、国家仏教の道を歩むようになった日本の仏教界は、朝鮮の開放後、朝鮮への政治的・軍事的な進出に積極的に協力した。日本の各仏教宗派は先を争って朝鮮の宗教の門戸を開き、帝国主義の尖兵の役割を果たしたのである。開港直後の一八七八年に開港場である釜山に真宗大谷派本願寺の別院が建てられ、以後、日蓮宗、浄土真宗、浄土宗、真言宗、曹洞宗、臨済宗など日本仏教の各宗派が先を争って朝鮮に僧侶を派遣し、別院と布教所を開設した。日本仏教の各宗派の朝鮮進出の過程と、以後の植民地時代の宗教政策を通して、日本近代の天皇制イデオロギー下の中で政治的に従属させられた日本仏教の特性が、朝鮮にもそのまま投影され発現したことがわかる。

朝鮮の仏教界も同様に、文明開化を追求し近代的な宗教としての新たな活路を模索したが、朝鮮より先に近代化路線を追求した日本仏教からの影響を大きく受けるようになった。一九世紀後半、西学と東学の盛行、キリスト教の流入と日本仏教の進出により、朝鮮の宗教の状況は急変し、朝鮮の仏教界は熾烈な宗教競争の中で生き残るために多くの努力をしなければならなかった。一八七〇年代後半から日本仏教界と交流しながら近代化を追求していた僧侶・李東仁《イドンイン》（？―一八八一）は、名門一族出身の若い開化派の知識人たちに西欧の近代文明を紹介し、日本の近代化政策の視察に赴いた朝鮮政府視察団と日本の政治界の人々との交渉や、米国との修交の過程でフィクサーの役割を果たした。しかし彼は謎の死を遂げ、彼が追求した仏教の近代化も水泡に帰した。李東仁の影響を受けた開化派の金玉均《キムオッキュン》（一八五一―一八九四）などが一八八四年に起こした甲申政変《カプシンチョンビン》が三日で失敗に終わったことにともない、近代化勢力の政治的な立地は狭まった。一八九五年には、日蓮宗の佐野前励《さのぜんれい》の奏請を契機として、長い間、仏教抑圧の象徴と見られてきた僧侶の都への立ち入り禁止措置が解除された。これは宗教の自由の保障という近代化政策の一環として以前から議論されてきたことであったが、当時、朝鮮仏教界はこれを日本仏教の恩恵と認識した。

一八九九年にはソウルの東大門《トンデムン》の外に全国の中心的な寺院として元興寺《ウォンフンサ》が創建され、一九〇二年、大韓帝国の寺刹令《じさつれい》による僧侶の資格と活動を公認し、寺院財産を保護、管理するための政策が施行された。元興寺は大法山に指定され、政府の寺院管理機構である寺社管理署が設置されて官吏が派遣され、また全国各地に一六個の中法山が指定された。これに先立ち、一八九七年に朝鮮は国号を大韓帝国《テハンチェグク》（一八九七―一九一〇）に変え、皇帝の国であることを標榜した。寺刹令と寺社管理署は大韓帝国の近代的宗教統制政策の一環として施行、設立されたものであった。しかし、このような政府の政策上の変化は、日本の政治的介入が露骨になる中で一九〇四年に廃止、および中断された。

一九〇五年には朝鮮が日本の保護国となり統監府が設置された。一九〇六年、日本仏教の韓国寺院の管理許容を骨子とする「寺刹管理細則」が施行された。同年、日本の浄土宗の支援で仏教研究会が作られ、次いで近代的教育課程を適用した最初の仏教教育機関である明進学校《ミョンジンハッキョ》が建てられ、全国各地の寺院から僧侶の学生を選抜して仏教とともに一般の学問を教授した。一九〇八年には韓国仏教界を代表する統合教団として円宗《ウォンジョン》が創設され、ソウルの都心の中に覚皇寺《カックァンサ》が創建された。円宗の初代の宗正《チョンジョン》（教団の代表）には、海印寺出身で当時、名望が高かった李晦光《イフェグァン》（一八六二―一九三三）が推戴されたが、彼に仏教改革と宗団発展の方向を助言した人物は日本の曹洞宗の韓国布教使であった武田範之《たけだはんし》（一八六三―一九一一）であった。武田は徹底した国家主義者であり、高宗《コジョン》（在位一八六三―一九〇七）の后である明成皇后《ミョンソンファンフ》（一八五一―一八九五）殺害事件に加担し、一進会《イルジンフェ》のような親日政治団体の顧問を務めるなど、日本の植民支配のための布石を置くのに寄与した。

一九一〇年の日韓合併直後、李晦光は円宗の正式な認可のために武田の斡旋で日本に渡り、この時、日本の曹洞宗と円宗との間の連合条約を秘密裏に締結した。これは韓国仏教全体を日本仏教の一禅宗宗派に従属させるものであり、この事実が国内に知られるや「改宗易祖の売教行為」という激烈な批判が巻き起こった。これに一九一一年一月以後、韓龍雲《ハニョンウン》（一八七九―一九四四）、朴漢永《パクカニョン》（一八七〇―一九四八）など、先覚者的な僧侶たちが主導して松広寺《ソングァンサ》、通度寺《トンドサ》、梵魚寺《ポモサ》のような伝統的な巨刹を中心とした臨済宗建立運動が起こった。

これらの動きに対して日本の朝鮮支配の機関である朝鮮総督府は、韓国仏教の独自の教団である臨済宗建立を許容しなかっただけでなく、日本仏教の特定宗派と連携させた円宗も認可しなかった。代わりに総督府が韓国仏教を直接管理、統制する政策を施行した。一九一一年六月「寺刹令」とその「施行規則」が頒布され、一九一二年に日本のような本末寺制度に基づいた禅教両宗三十本山制が施行されたが、三十本山の本寺の住職の任命を総督が印可する方式を通して、寺院の財産管理権と住持の人事権を総督府が管轄した。また当時、日本仏教の国家主義的な性格を踏襲し、天皇の恩恵に感謝し、各寺院で天皇を祝願、讃揚する内容が入れられた。寺刹令の施行は植民地の宗教政策の一環として仏教が政治権力に従属する結果を生んだが、当時、莫大な権限を持つようになった本寺の住職を中心に、これを「仏教の合法化」、「恩恵と外護」、「新たな発展の動力」などと受け取り、賛同する雰囲気もあった。

一九一九年、韓国の独立を宣言し、全国的に起こった三・一運動を契機として仏教界でも民族意識に目覚めた先覚者的な活動家たちが登場した。仏教界を代表して民族指導者三三人に入った韓龍雲と白龍城《ペクヨンソン》（一八六四―一九四〇）はもちろん、大韓民国臨時政府の国内連絡の総責任者であると同時に財政募金の担当者であった月精寺《ウォルチョンサ》出身の李鍾郁《イジョンイク》（一八八四―一九六九）などが活発な活動を行い、海外で僧侶による独立宣言書も公布された。また進歩的な青年僧侶たちを中心として一九二〇年に朝鮮仏教青年会、一九二一年には朝鮮仏教維新会が設立され、政教分立と寺刹令撤廃を主張した。しかし維新会側が教団の中央機構として作った総務院と、本山住持会議側の教務院が対立する中、それらは最終的に総督府の支援を受けた教務院に統合された。このように一九二〇年代は三・一運動を契機として総督府の植民統治の基調が、軍隊と警察による高圧的な方式から文化統治へと転換されるにしたがい、一時的な休息の雰囲気が形成され、各種の政治、社会、宗教団体、および組織の結成と制限された範囲での活動が可能となった時代であった。

一九二〇年代後半以後にも韓国仏教の自主的な教団設立のための努力は続き、一九二九年に開かれた朝鮮仏教禅教両宗全国僧侶大会で宗憲を制定して自律的な教政を追求した。これは総督府の承認こそ得られなかったが、一九三一年に朝鮮仏教青年総同盟側が宗憲の実行を促しながら、寺法改正運動を繰り広げた。これとともに青年総同盟の秘密結社組織である卍党が活動するなど、一九三〇年代前半まで仏教の自主化と革新のための運動は続いた。しかし一九三七年の日中戦争の勃発を契機として日本の大陸進出が本格化し、その後は真珠湾攻撃により太平洋戦争へと戦線が拡大し、一九四五年まで戦時体制が強化された。それにともない仏教界の自主権の追求や改革運動も急速に委縮し、これとともに日本と韓国が同じ祖先から出、みなが天皇の臣民であることを強調した内鮮一体《ないせんいったい》（内地＝日本と朝鮮は一体であるという政策）と皇民化《こうみんか》

（朝鮮の人を天皇に忠誠を誓う日本人にする政策）が当時の政治社会的な主題となった。

一方、一九三〇年代後半から朝鮮仏教界で総本山建立運動が起こると、総督府はこれを積極的に支援して一九四一年には宗名を曹渓宗、総本寺を太古寺《テゴサ》とする総本山体制が出発した。これは仏教界の長年の宿願であった教団を総括する中央代表機関の設立であったが、その実体は皇民化政策と戦時の国民総動員のために仏教界を直接統制、活用しようという総督府の意図が反映されたものであった。寺法の一部だけを改正し寺刹令をそのまま維持させた点も、教団の自律権を追求した仏教革新路線とは相反するものであった。実際、当時の仏教界の主流の僧侶たちは、キリスト教のプロテスタント、カトリック、儒教など、他の宗教団体と同様、時局講演、学徒動員、各種の軍事物資の寄付などに積極的に協力し、政治的な従属と親日《チニル》という植民地の遺産をそのまま抱いたまま一九四五年八月一五日の解放を迎えたのであった。

2　仏教改革運動と近代仏教学の受容

近代に入ると仏教は宗教競争の新たな時代を迎え、文明開化を積極的に追求した。しかし、日本の朝鮮進出と植民支配のような政治体制の変動に対しては、民族意識による抵抗よりは近代的宗教としての存立と活路の模索に重点を置いた。すなわち護国よりも護教に比重を置いたのである。これは儒教を中心とする朝鮮時代の伝統の中で、宗教として適切な役割を持てなかった仏教の現実を反映するものでもあった。しかし、仏教の生き残りと近代的な変化だけを推進した結果、植民地時代という政治的な従属状況の中で、きちんとした護教も行うことはできなかった。仏教の近代化と大衆化は時代的な課題であったが、僧団の戒律の伝統を守ることができずに日本のような肉食妻帯《にくじきさいたい》の世俗化の道を歩み、改革路線も植民地仏教の体制的な属性から脱皮できないまま挫折した。

一九一〇年代の仏教界は、総督府体制に順応し、妥協しながらひたすら仏教の改革と近代化に邁進した。韓龍雲、白龍城、権相老《クォンサンノ》（一八七九—一九六五）などが主導した大衆的仏教雑誌の刊行と仏書のハングル訳経および出版、そして宗教多元社会で仏教の活路を探り、改革の方策を模索しようという努力などは、文明開化のためのこの時期の仏教界の熱望をよく示している。制度的にも布教堂の開設とともに、伝統的な講院のほかに、普通学校—地方学林—中央学林と編成された近代的僧侶の教育体制の整備が推進された。

また一九一〇年代以後には、仏教の近代的革新を達成するための多様な改革の方策が提示された。まず権相老は論文「朝鮮仏教改革論」（一九一二）において朝鮮仏教の旧態と閉鎖性を克服するための改革の不可避なことを主張した。次いで韓龍雲は著書『朝鮮仏教維新論』（一九一三）の中で、文明開化論と社会進化論を受容し、哲学と宗教を兼備した仏教こそが近代に符合するものであり、新たな時代を開くことができると展望した。彼は仏教の平等主義、衆生制度の大衆主義を特に強調した。一九一〇年に僧侶の結婚を通した仏教の復興と社会化を促す請願書を当局に提出したのも、仏教の近代化と発展論に依拠したものであった。これに対して白龍城は、禅宗の特色を現し、仏教本来の真面目を提示するのが維新であるとして、仏教伝統の正しい本源の道を求めた。しかし一九一〇年代の仏教界の多くが注目したのは、文明開化論、社会進化論による朝鮮的な伝統の否定、そして仏教の原形の中で近代性を発見し、それを追求する方向であった。

一九二〇年代になると仏教界でも民族意識に目覚めた者たちが増え、宗教の政治的従属を批判し多様な革新運動を繰り広げた。日本への留学僧である李英宰《イヨンジェ》（一九〇〇―一九二七）は『朝鮮仏教革新論』（一九二二）において、民主共和政の理念と権力分立とを基礎とする革新教団の建設と僧侶教育の近代化とを唱えた。また白龍城は仏教の大衆化を目指した大覚教《テガクキョ》を設立し、禅と戒律の兼修を主張し、一九二六年には僧侶の結婚と肉食を制度的に禁止することを総督府に要請した。彼はまた仏教の大衆化と経済的な自立のために殖産運動を繰り広げ、労農自立共同体を組織して工場および消費組合を作って運営した。韓龍雲も徹底した民族主義の仏教運動家として寺刹令を強く批判する一方、「山中から街頭へ、僧侶から大衆へ」という標語を掲げて仏教の社会化、大衆化を推進した。

一九二一年、白龍城、宋満空《ソンマンゴン》（一八七一―一九四六）などによる禅学院が設立され、伝統の禅修行の継承と中興とを掲げて独自の活動を展開し、一九三五年、全国首座大会では宗規を制定して朝鮮仏教禅宗を宣布した。しかし一九三〇年代後半から一九四〇年代前半の戦時体制期には、仏教改革運動も退潮となり、総督府の心田開発運動《しんでんかいはつうんどう》に仏教界が協力した。戦争遂行と皇民化のための心田開発運動は、天皇に象徴される日本の国体を認識し、それに対する感謝と報恩を促す一種の精神啓蒙運動であった。このほか戦勝記念法会や国防献金納付にも仏教界の有力な人々と教団が積極的に参与した。

一方、一九世紀に西欧で成立した近代仏教学が日本を通して伝えられ、近代学問の研究方法論による仏教研究が始まった。一七世紀以後、アジアに対する帝国主義の侵略が加速化し、それに伴い他者であるアジアに対する東洋学的接近が目に見える形で行われるようになった。西欧の東洋学は聖書に対する古くからの文献解釈学の研究の伝統に支えられ、客観性を担保した近代の歴史実証主義的な学問の風土が立てられた。しかし、そこには他者であるアジアに対する偏見と西欧の優越感に偏ったオリエンタリズムが投影されていたことも否定できない。近代仏教学は長い仏教の伝統をもった東洋に逆輸入され、それまでの絶対的、宗派的な信念体系の代わりに、創始者ブッダと仏教に対する文献学的、歴史学的な理解方式が導入された。

日本では一九世紀後半、欧州に留学生を派遣して近代仏教学を早くから受け入れた。一八七七年に南条文雄《なんじょうぶんゆう》（一八四九―一九二七）などがマクス・ミュラー（Max Müller：一八二三―一九〇〇）の下に留学し、高楠順次郎《たかくすじゅんじろう》（一八六六―一九四五）が東京大学に梵語学講座を開設するなど、教団や大学という制度の中で近代的な研究方法論が導入された。近代仏教学は、それまでの漢訳経論に基づき絶対的な信念体系として形成された教学や宗学などの伝統仏教とは異なり、サンスクリット語、パーリ語の原典とチベット語大蔵経など、資料の範囲を拡大し、文献批判と実証主義の歴史学の研究方法論を受容した。これにともないインドの原典を通してブッダの教えを明らかにし、ブッダ以後、歴史的に形成された仏教と経典などを区分して理解するようになった。それにより初期仏教と部派仏教、大乗仏教に対する歴史的な理解と体系的で客観的な眺望とが可能となった。また仏教の思想的、宗教的な意味を客観的に追求し、二〇世紀に入ると『大正新脩大蔵経』、『南伝大蔵経』、各種の辞典類の編纂などの仏教学研究の基盤が構築された。

韓国でも、一九一〇年代から日本の近代仏教学と歴史学的な成果、および方法論が紹介され、植民地当局の学術および宗教、文化、調査事業の一環として資料調査と収集が行われた。また早くから韓国仏教史の資料集の性格を帯びた書物が出た。権相老の『朝鮮仏教略史』（一九一七）と、初期韓国学の先駆者である李能和《イヌンファ》（一八六九―一九四三）が著し崔南善《チェナムソン》（一八九〇―一九五七）が校閲した『朝鮮仏教通史』（一九一八）が代表的な成果である。『朝鮮仏教略史』は僧侶教育のために執筆された最初の韓国仏教史概説であり、歴代の事件と人物関連の資料を編年体で時代別にまとめた書物である。『朝鮮仏教通史』全二冊は膨大な分量の資料集の形態の著作であり、著者の解説と評価が付され、それ以後の学界に大きな影響を及ぼした。その中では特に韓国の様々な仏教の宗派を整理しながら、朝鮮時代に成立した臨済宗の法統を強調した。

このような資料の収集と整理を土台として、これ以後、日本人の学者たちの韓国仏教研究書が刊行されるようになる。その中で代表的なものは、前にも言及した京城帝国大学教授・高橋亨の『李朝仏教』（一九二九）が代表的である。高橋は、総督府の宗教政策および学術調査を担当しながら、韓国の仏教と儒教に注目して研究を続けてきた。その結果である『李朝仏教』は多くの資料を紹介しながら朝鮮時代の仏教に対する基本的な立論を立て、後代に大きな影響を及ぼした。しかしその視点は朝鮮総督府に所属した植民地学者の立場で韓国史の依他性（他律性、従属性）、および停滞性（非発展性）を強調し、韓国仏教を中国仏教の亜流と見、中でも朝鮮時代の仏教は女性と非主流の信仰としては意味があるが、思想的な発展はなく、外部的な抑圧と内部的な退歩の連続であったと評価した。

次いで中国禅宗の研究者であった忽滑谷快天《ぬかりやかいてん》（一八六七―一九三四）の『朝鮮禅教史』（一九三〇）が出たが、彼は韓国人の学者たちから資料と情報を受け韓国仏教の禅と教学思想全体を網羅した概説書を出すことができたのである。『朝鮮禅教史』は『李朝仏教』とともに植民地時代の韓国仏教研究の記念碑的な力作であるが、彼も高橋と同様、普照知訥や元暁など、一部の例外を除くと韓国の禅宗および教学の伝統に中国と異なる独創性はないと見た。また日本の曹洞宗僧侶出身で駒澤大学の教授であった忽滑谷は、朝鮮時代の仏教を、禅と教の衰退期であると同時に臨済宗優位の偏見に陥った時期であると低く評価した。

一九三〇年代以後にも韓国仏教と関連した研究成果が多く出た。代表的なものとして『朝鮮仏教史藁』(一九三九)を書いた金映遂《キムヨンス》は、五教九山、五教両宗など、韓国仏教の宗派史の体系を立て、江田俊雄《えだとしお》(一八九八―一九五七)は朝鮮初期の刊経都監の仏典刊行および仏書の諺解(翻訳)をはじめ多様な主題を扱った。このほかにも高麗大蔵経、朝鮮時代の刊行仏書などに関する文献学的、書誌学的な研究も蓄積された。一方、仏教の専門ではなかったが、植民地期の韓国学の権威であった崔南善は、仏典の刊行と校閲にも力を注いだほか、仏教史の中の韓国の位置について、インドの緒論的仏教、中国の各論的仏教に対して韓国仏教を結論的仏教と規定し、さらに通仏教の伝統を強調するなど、韓国仏教の独特な地域性と独創性とを浮かび上がらせた。

このように文献テクストの集成と近代学問の実証的、客観的な研究方法論が適用された二〇世紀から、韓国仏教の歴史と思想、文化を総合する伝統が本格的に描かれ、これに歴史性を担保した韓国仏教史が形成されるようになった。ただ、植民地時代の日本人の学者による韓国仏教研究は、伝統の形象化という点では大きく寄与したが、オリエンタリズムに立脚した東洋学的接近と他者を貶める視角も介在していた。それ以後も数多くの研究が蓄積し韓国仏教史の全貌が明らかにされているが、特に朝鮮時代の仏教史の場合、相変わらず他者からの否定的な伝統像が完全に払拭されずにいる。また、これとは逆に、民族主義、宗派主義的に偏向した韓国仏教史が学術研究として現れた例もある。したがって今後は韓国仏教の固有性、特殊性と共に、そこに内在した相互性、普遍性の原理を複合的に理解しなければならない。すなわち東アジアおよび韓国史における仏教の位置に対する多くの角度からの接近が必要なのである。

Ⅶ　現代——植民地遺産の清算と正統性の探索

1　現代仏教史の展開——一九四五—一九七〇年

一九四五年八月一五日、日本の敗戦により韓国が解放を迎え、韓国仏教も植民地の遺産を清算し、民族宗教として新たな時代を開いていく絶好の機会を得た。祖国の光復（独立回復）と独立国家の誕生というバラ色の希望に溢れていた一九四五年九月、仏教界は全国僧侶大会を開催し、朝鮮仏教革新準備委員会を結成して教団の今後の方向性と路線を討議した。その結果、寺刹令に代表される植民地の残滓の清算を宣言し、中央教団機構の設立と教憲の制定を推進した。この時に提起された教憲の核心は、教徒制の施行と寺院財産の統一、修行精神の宣揚と比丘僧団の保護に要約できる。

総督府に代わる米軍政庁は、近代国家の基本原則である政教分離と宗教の自由とを公式に掲げた。しかし実際にはプロテスタントとカトリックだけを公認宗教に指定するキリスト教中心の偏向的な公認教政策が施行されたのであった。また一九四五年一一月二日に出された軍庁法令第二一号で、いまだ廃棄されない旧法令は存続するとして、本山住持の人事権と寺院の財産の処分権を朝鮮総督が行使した寺刹令体制をそのまま維持させた。当時、朝鮮仏教中央総務院と教務会は、米軍政に寺刹令の廃止を継続して要求したが受け容れられなかった。一方、一九四六年にはクリスマスが公的な祝日に宣布されたが、これは宗教の自由、および政教分離の原則、そして韓国がキリスト教文明圏に属していない点を考慮すれば、容易に納得しがたい異常な措置であった。釈迦誕生日が一九七五年になり、ようやく祝日に指定されたのと比べると、これは極めて異例な特恵であることは明らかであった。

米軍政庁はプロテスタント、カトリックの人々を大挙、任用した。一方、日本が残した帰属財産、すなわち敵性財産に分類された日本仏教各宗派の寺院と所属財産は、韓国仏教の寺院にそのまま譲渡されなかった。米軍政庁は寺刹令の存続と寺院財産の臨時保護法の施行を日本仏教の財産の帰属問題とを連動させ、寺刹令による寺院財産の処分権を行使したが、その中で韓国にあった日本仏教の寺院とその財産がキリスト教の教会に渡された事例が少なからずあった。このほかに朝鮮統監を務めた伊藤博文（一八四一――一九〇九）を追慕するために一九三二年に奨忠壇公園の敷地の一部の譲渡を受けて建立された博文寺の場合、解放後には仏教の学校である恵化専門学校の寄宿舎として使われたが、一九四七年に、過渡立法議院会の決定により官有地にされた。

このように仏教界にとって不公平な宗教政策が行われた結果、解放直後まで勢力が弱かったキリスト教は勢いを持ち始め、政治指導者たちはキリスト教界の支持を得るために多くの努力を傾けた。さらに「キリスト教理念に基づいた国家」を建設しようとしていた米国プロテスタント系大学の博士出身の李承晩《イスンマン》（一八七五―一九六五）が大韓民国の初代大統領となると、特にプロテスタントと宣教師たちに破格の支援が行われた。例えば、死亡した宣教師やプロテスタントの人に国葬と社会葬を許容するなど、偏向的な宗教施策が露骨となった。その結果、解放当時には五〇万人にも満たなかったプロテスタント信者数が一〇年後の一九五〇年代中盤には一五〇万人に肉薄するなど飛躍的に成長した。その対価としてプロテスタントは一九五〇年代の大統領選挙で李承晩を公的に支援するなど、相互依存、癒着の道を歩んだ。

このような状況にもかかわらず本寺の住持など仏教界の中心勢力は、妻帯僧中心の教団権力を維持し、反対派である革新勢力を一掃するために李承晩政権初期には政府に協力した。そのために仏教界の最大の懸案であった寺刹令の撤廃や敵性財産である寺院の帰属問題などは取り上げず、キリスト教偏向政策に対する不満も自制した。解放以後、教団内部では、植民地の残滓の放逐と仏教改革を主張した革新勢力と、本寺の住職などの保守的な既得権勢力が互いに対立していたが、財政の透明化、社会平等などを叫ぶ革新勢力が左翼と認定され教団改革は壁に直面した。米軍政庁と李承晩政権の親キリスト教政策と反共主義は、仏教界に直接的な打撃を及ぼし、解放空間で行なわれるべき親日仏教の清算と自主的な教団建設の夢は、結局水泡に帰したのであった。

一方、解放後の混乱した政治・社会的状況の中、仏教界で起こった自発的な動きの中で注目すべきものとして、比丘修行僧たちが主導した結社運動を挙げることができる。青潭《チョンダム》（一九〇二―一九七一）と性徹《ソンチョル》（一九一二―一九九三）などが一九四七年に結成した鳳巌寺結社が代表的であるが、これは教法と戒律とに基づいた禅修行の実践を目標とし、自主、自生、自立をモットーとした。これは一九五〇年六月二五日に勃発した韓国戦争（朝鮮戦争）で中断したが、修行および戒律の伝統の回復と僧侶の労働を含む教団の自立の方策を模索したという点で重要な意味を持つ。

これとともに白羊寺《ペギャンサ》の曼庵《マナム》（一八七六―一九五六）が一九四七年に結成した古仏叢林《コブルチョンニム》も独自の仏教浄化運動という点で歴史的な意味がある。曼庵は当時、仏教界が分裂して禅の宗脈を継承するという意識の不在を指摘し、植民地仏教体制に安住して浄化が不充分であることを批判した。そして戒律の受持と出家の伝統の回復を通した教団の再整備を推進したが、一方では妻帯僧が教団を主導する現実を認め、比丘＝正法、妻帯＝護法と区分した統合教団の形態を追求した。また仏法僧の三宝寺刹である通度寺、海印寺、松広寺を清浄の修行比丘たちが運営し、今後、漸進的、段階的に浄化を行う方策を提示した。この時に作られた古仏叢林清規には、僧侶の資格、日常生活および修行、義務と賞罰、財産管理などが規定された。古仏叢林は最初に白羊寺を中心に二二の寺院で始まり、徐々に勢力を拡大して行ったが、これも韓国戦争（朝鮮戦争）により力を失なった。一九四九年六月には農地改革法が公布され、一九五〇年三月にその施行令が発効したのに伴い、自作農の農地所有を原則とした有償買収と有償分配が行われた。小作農が大部分であった仏教界の所有農地は、この時に安い価格で売り渡され多くの土地を失った寺院は財政難に陥った。加えて韓国戦争（朝鮮戦争）によって仏教界の経済難は深刻になった。寺院を運営する住持たちはもちろんのこと、特に様々な寺院を遊歴修行していた比丘修行僧たちは生存自体が問題となるほどであった。仏教界が極めて厳しい状況であることを政界に継続して訴えた結果、寺院維持の対策を講究せよという大統領の諭示が出され、戦後の一九五三年七月に寺院保護維持策による寺院の自耕農地の返還措置が下された。

当時、教団の教正（代表）であった曼庵は、修行僧たちの生活苦と修行空間の不足などの問題が深刻になると、一九五四年四月に比丘僧たちに伝統寺院を一八ケ寺与えるという方針を定めたが、妻帯僧の住職の反対で施行できなかった。こうした中、李承晩大統領が仏教浄化を指示する談話を発表した。すなわち一九五四年五月、寺院内から妻帯僧を追い出せという大統領の諭示が下され、以後、一九六二年四月まで八年にわたる仏教浄化運動が起こったのである。当時、李承晩は「日本人僧侶の生活を模範として、わが国の仏道に違反している者は、今後、親日者と認定するしかないので、家庭を持って暮らしている僧侶はすべて寺院から出て暮らし、わが仏徒を崇尚する僧侶だけに政府で元通り田畑を与え支持していく、これを施行することを指示する」と発表した。

浄化運動が始まると、仏教界は妻帯僧と比丘僧（独身僧）の対立と葛藤により内紛状態となった。一九五四年八月、全国比丘僧代表者大会で比丘僧たちは李承晩大統領に感謝状を贈呈する案件を採択し、一九五五年八月には全国僧侶大会で比丘僧が教団運営を主導することを決定した。こうした中、既存寺院の運営権を持っていた妻帯僧側の反発は激しかったが、政府の施策に正面から反抗することはできなかった。その代わりに、比丘僧たちを修行僧、自分たちを教化僧として二元化し、比丘僧に一部、修行寺院を譲渡する方式で解決策を探った。すなわち表面的には浄化に賛成しながら実質的には自分たちの僧侶資格を認めてもらおうとしたのであった。しかし結局、僧侶大会を通して教団の運営権が比丘側に渡るようになると、妻帯僧側は教団と寺院とを奪われたとして法的な訴訟を繰り広げて行く。

このように李承晩政権下で起きた仏教浄化は、植民地の残滓の清算という政治的な名分と比丘僧中心の修行および戒律の伝統の回復という仏教的な価値を前面に掲げた。すなわち妻帯僧＝親日＝日帝（日本帝国主義）の残滓という構図の下で、政権においては民族精神を宣揚し、愛国心を高めるという政治的目的がその下敷きになっていた。しかしその裏側では、継続するキリスト教優位政策にともない、政治的に反対派である仏教界の実権を握っていた妻帯僧の住職を除去し、自らの政権の延長を謀ろうとする政略的な判断が介入していた。結果的に政府主導の他律的な浄化により仏教界の主導勢力である妻帯僧側は大きく委縮し、仏教が鉄槌を受けたのとは対照的に、キリスト教が飛躍的に成長する契機となった。

一九六〇年、李承晩政権による不正選挙を契機として国民による反政府運動が起こり、結局、李承晩は退陣した。これを四・一九革命という。それまで比丘僧を支援してきた李承晩政権が倒れると、妻帯僧側は比丘僧側を官製仏教団体と規定し、政教分離の原則を掲げて寺刹令の規制撤廃を主張した。そして妻帯僧側が寺院を取り戻そうと進入したり、法廷で寺院運営権を勝ち取る事例が頻発すると、これに反対する比丘僧侶の割腹祈祷や裁判所乱入事件などが起こり大きな社会問題となった。

一九六一年には軍部出身の朴正熙《パクチョンヒ》（一九一七―一九七九）が主導した五・一六軍事クーデターが起こった。軍事政権は比丘側と妻帯僧側のどちらも韓国仏教全体を代表する機関として認定しなかった。代わりに、寺刹令による法的措置を執ると脅しながら、一つの教団を作って自律的に仏教を再建せよとの命令を下した。当時、国家再建最高会議では社会の安定のために仏教界が紛糾を解決し統合することを指示し、これに比丘と妻帯との双方が参加して、分裂の解消と団結、および自律を掲げた仏教再建委員会、再建非常宗会を開いた。その結果、一九六二年四月に統合教団である大韓仏教曹渓宗《テハンプルギョチョゲジョン》が成立した。妻帯僧側は公平性の問題を提起し、正統性の議論を起こしたこともあったが、最高裁判所で統合教団の根拠を公認し、結局、僧侶の資格に対する両者の合意が行われた。

一九六二年五月には寺刹令を継承した仏教財産管理法が成立し、その施行令が公布され、財産管理だけでなく仏教団体の登録および運営を国家で管理、監督するようになった。当時、曹渓宗は宗権および寺院管理権、教団の正統性が政府の法令で保護されるという理由からこの法に積極的に賛成した。しかし、これは国家が仏教を管理、統制する寺刹令体制の延長であり、教団の自律性を侵害する足枷として作用するようになった。以後、一九七〇年には妻帯僧側が別に太古宗《テゴジョン》を設立し、統合教団から脱退して、双方の対立と紛争は公式的に終止符を打った。

仏教浄化は、植民地仏教体制で形成された妻帯僧と本山の住職の専横に、その歴史的な根を持っている。一般的に妻帯僧たちが本山の住職を務め、教団を主導しながら仏教が世俗化し、教団上層部の腐敗と堕落が発生し、反対に比丘修行僧たちは排斥され経済的な困難を味わった。一九四五年八月一五日の解放以後、仏教は社会と民族に寄与する大衆仏教、民族仏教として生まれ変わらなければならなかったが、実際には植民地の残滓の持続と、修行および戒律の伝統の委縮という現実を脱皮することはできなかった。この点で浄化は時代の必然的な課題であったが、教団の主体的な自浄能力の不在と政治権力による行政権、司法権の介入という構造的な問題点を同時に抱えている。

何よりも全体の僧侶の一〇パーセントにもならない比丘僧たちが、初めて寺院および教団運営を全て担当する過程で多くの問題が起こり、さらには仏教の基本知識もない者たちが準備もなしに僧侶となることもあり、人的水準の急激な低下が起こった。このように修行比丘が曹渓宗を主導することにより禅宗の伝統の優位性は確保されたが、一方では教学、儀礼、文化など多様な伝統が断絶したり縮小される副作用も甘受しなければならなかった。また浄化の過程で起こった紛糾と暴力は、仏教の社会的イメージに否定的な影響を及ぼした。さらに寺院を運営していた妻帯僧たちが追い出される際、彼らは学校や諸事業をはじめとする相当数の寺院財産を勝手に持ち出し、書籍や文化財なども搬出するなどして、経済的、文化的な損失も極めて大きかった。

このように一九四五年の解放以後一九六〇年代までの現代仏教史の展開過程で、仏教は光と陰を同時に持ち、韓国仏教の正統性および方向性に関連して多くの問題点と限界を露呈した。韓国仏教の近代は、文明開化と近代宗教としての存立のための護教論的な目標から始まり、植民地体制下で政治的な従属と妻帯など世俗化の過程を経た。したがって浄化は植民地の遺産の清算という点で歴史的意味を持つことができる。しかし、一方では妻帯僧が主導していた近代仏教との断絶、さらには教学や儀礼など多様な伝統を排除して禅宗の正統性と看話禅修行だけに限定した一面的な伝統の継承という点での限界もまた明らかである。何よりも教団全体の人的な水準の低下と仏教のイメージの墜落が、韓国仏教の社会的な底辺の拡大と地位の向上を妨げてきたことも事実である。

一九四五年の解放から一九六〇年代までの韓国仏教は、自らの歴史的、構造的な問題を主体的、自律的に解決したり、平和的、和合的な方式で解消できず、社会と時代が求める普遍的な理念と価値とを提示できなかった。その結果、仏教は無気力で旧態依然とした古い宗教との烙印を押され、さらには非暴力と清浄ではない、暴力と腐敗のイメージが加えられた。こうして長い歴史の中で仏教が占めていた伝統宗教としての価値は、西洋文明を象徴するカトリック、プロテスタントに多くが渡ってしまった。

2　韓国仏教の現在と仏教の未来的展望

現在の韓国仏教を代表する統合教団・大韓仏教曹渓宗は、近現代史の屈曲の中で、数多くの紆余曲折を経た末に一九六二年にようやく成立した。それ以後、教育、布教、訳経という三大課題を掲げ、仏教の現代化と大衆化を実現するために多くの努力を傾けてきた。しかし、植民地の寺刹令体制で固まった政教癒着の構造と政治的な従属の慣行を根絶することは容易ではなかった。また植民地の残滓の清算のために断行された仏教浄化は、その時代的な名分と歴史的な正当性にもかかわらず、政府の他律的な強制や、人的水準の低下のような大小の問題点を露呈した。すなわち近現代史の荒波を経ながら派生した様々な構造的な矛盾が以後も継続して韓国仏教にとって耐えがたい負債となったのである。

一九八〇年代まで、仏教界は分裂と葛藤を繰り返す一方で、政治権力との癒着が公然と行われた。一九七〇年代には宗正中心派と総務院長中心派とに分かれて、教団内部の紛争と対立が続き、一九七五年には朴正熙大統領による維新体制で護国仏教の伝統を再生させるという名分の下、曹渓宗傘下に護国僧軍団が結成されたこともあった。しかし一九八〇年の全斗煥《チョンドゥファン》政権が成立する過程で、新軍部が仏教弾圧事件である一〇・二七法難を起こした。それでも教団上層部は軍部独裁政権下で政治的な癒着を通して既得権を維持しようとしたが、これは当時、韓国仏教の水準と限界を赤裸々に示した事例である。

そもそもこの一〇・二七法難とは、第五共和国憲法が制定された日の一九八〇年一〇月二七日に起こった事件である。当時、全斗煥を中心とする新軍部は社会浄化の立場から仏教浄化を施行することを名分に、全国の寺院と庵子（大きな寺院に付属した小さな寺）五七〇〇カ所余りに軍人と警察三万人余りを投入して大々的な検束を断行した。この時、戒厳司令部・合同捜査本部では「仏教界は、エセ僧侶とヤクザ、チンピラの狼藉が跋扈する非道地帯であり、自力では更正の力がないものと判断した」と述べ、「社会浄化の次元から鉄槌を加える」と発表した。当時、曹渓宗僧侶など仏教界の人々一五〇〇名余りが強制連行された後拘禁され、暴力と拷問などが公然と行われた。

この一〇・二七法難が起こった原因は、曹渓宗総務院側が、政権に対する非協調と反対を表明して新軍部から睨まれたためというのが定説である。また一方では新軍部が政治資金作りのために、不正腐敗の蓄財として仏教界の不正資金を回収しようとしたという主張もある。これに先立つ一九八〇年四月に就任した総務院長・月珠《ウォルジュ》は、権力の干渉を排除した自律的な教団運営と自体的浄化を宣言し、仏教財産管理法の廃止を推進した。これは極めて当然で正常な主張であったが、それ以前に仏教界が政権に対して、このように堂々と自分たちの声を挙げることはほとんどなかった。加えて韓国南西部・光州を中心に全斗煥に反対する人々を軍部が大量に殺害した五・一八光州民主化運動が起きるや、月珠は光州を訪問して義援金を渡し、全斗煥政権に対する支持声明を拒否した。

当時、新軍部の勢いは天を衝くほどであったが、仏教界の非協力的な姿勢は、彼らの機嫌を損ねるものであった。いずれにせよ、一〇・二七法難は、一九七九年の一二・一二クーデターの翌年五月、光州での流血鎮圧を行った新軍部側が、民衆の抵抗と反発を鎮めるために一種の見せしめとしたものであり、仏教がその対象とされたのである。ローマ教皇庁と米国、西洋の後光を背にし、韓国社会の主流を形成したカトリックやプロテスタントではなく、攻めやすく、しかも後腐れのない仏教がスケープゴートになったのであった。

こうした恥辱の法難を経た後でも仏教界の上層主流の人々は、独裁権力との癒着を通して既得権を維持したり何事もなかったかのように見過ごした。一九八一年に宗正（教団代表）に就任した韓国現代仏教の代表的修行者である性徹は、有名な「山は山にして水は水なり」という就任法語を説いただけで政治的な言行は一切控えた。仏教界は一九八〇年代の中後半、韓国社会を動かした民主化の滔々たる流れと社会改革にも積極的に乗り出すことはなかった。これは民主化運動と社会変革に直接、間接的に参加し、その地位を大きく高めたカトリックと比較する時、仏教が落伍者としての伝統、または時代精神と関わらない保守的な宗教としてのイメージを固めるのに助けとなった。一九八八年一一月、盧泰愚《ノテウ》政権の時、一〇・二七法難の最終決定権者であった全斗煥・前大統領が国会の聴聞会参席を前にして百潭寺《ペクタムサ》に身を隠して二年以上過ごしたことは、良く言えば仏教の慈悲行の実践であるともいえようが、歴史的な断罪を留保し彼に免罪符を与えたことにもなった。

以後、一九九四年には全国僧侶大会が開かれ、教団改革が断行されて、政界と癒着し権威的に教団を運営してきた総務院執行部が追放された。これは韓国社会の民主化の余波が仏教界にも影響を及ぼしたものであり、大々的な改革を標榜した新たな教団に生まれ変わる契機となった。改革教団が掲げた核心的な骨子は、宗会の強化を通した立法、司法、行政の独立と、相互の牽制、教団の財政の公開と中央集中化、教育院と布教院の独立などであった。これは権力の独占を防ぎ、財政を透明化して教育と布教の整備を通して仏教の人的な水準を向上させ大衆化を志向したものであった。

教団改革の断行は、一九八〇年代に仏教の自主化と社会化、紛糾の終息などを闡明して起こった僧侶大会や全国青年仏教徒連合会、仏教浄土具現全国僧伽会、大乗僧伽会などの活動にその淵源を持ち、実践僧伽会など、改革勢力の組織化がなされたために可能となったことであった。またこれらの勢力は教団改革以後、二〇年余りが過ぎた現在まで、大小の多くの変化を促し、韓国仏教の姿を変えようとした。しかし人的な構成は変わったが、制度とシステムの改革は依然として不充分であり、財政と人事など様々な側面で構造的な限界を持っていることは事実である。寺刹令体制から続く構造自体に対する、革新的な変化と教団レベルでの人材養成など、長期的かつ巨視的な観点からの努力が持続されなければならない状況なのである。

韓国仏教は一七〇〇年の悠久なる歴史と伝統を誇る。仏教は韓国の歴史の長い展開過程で韓国人の心性と価値観の形成に非常に大きな役割を果たし、現世の福楽はもちろん、来世の平安に対する切実な実存的な念願を解消した。しかし現在の韓国仏教は、外見上の勢力は大きいが、プロテスタントやカトリックに比べて社会的な位置やイメージの面で後れをとっているのが事実であり、新たな動力を探し、ビジョンを提示することも容易ではない。伝統宗教、民族宗教として当然持たなければならない既得権も、近現代の歴史の屈曲の中でその多くが蚕食され、伝統は儒教、近代はキリスト教という通念が固まったまま、仏教の位置もまた大きく失墜してから長い時間が経つ。

一九世紀後半から繰り広げられた伝統宗教、民族宗教、日本宗教、西洋宗教の間の角逐場の中で、仏教は民族主義や護国の実践よりは、近代的な文明開化と護教のために邁進し、哲学と宗教が結合した近代性の追求に仏教の活路を求めた。しかし、寺刹令のような植民地体制の政治的従属を経て最終的に残ったものは、近代化、大衆化で包装された、世俗化された植民地の遺産の残滓と、民族を裏切り日本に協力したという親日の前歴であった。解放以後に民族仏教の華麗な誕生が期待されたが、米軍政と李承晩政権のキリスト教偏向政策と、米国を後ろ盾としたキリスト教福音主義の洗礼の中で仏教の地位は低下した。また親日の残滓の清算と清浄なる修行の伝統の回復という価値の下で起こった仏教浄化は、その象徴性と名分にもかかわらず、その裏面には教学と儀礼など、長い仏教の伝統の断絶、および人的水準の低下という災いを同時にもたらしたことは否定できない。

仏教界の主流は、一九七〇―八〇年代には政治権力と妥協してきたが、一九八〇年には類例のない法難まで経験し、その後も教団の運営権と寺院運営をめぐる各種の暴力事態や様々な問題がメディアで報道されることもあった。しかし韓国社会の民主化運動、および民主主義の発展と軌を一にして一九九四年に教団改革が断行され、以後、それまでの旧態を脱し、社会、大衆とともに行動するための覚悟をもった努力が続けられてきた。このように時代の変化にしたがい、韓国仏教は数多くの激変を経る中で、改悪ではなく改善の道を一歩ずつ前進してきたが、依然として行くべき道は遠く、解決しなければならない問題は山積した状態である。

二五〇〇年余りの悠久の歴史を持った仏教は、世界宗教でありながら、もう一方では高度の哲学的な思惟体系であり、アジアはもちろん人類文明に大きな影響を及ぼした。また仏教は長い時代を経て、広い地域に伝播する中で蓄積されて来た多文化的な文明複合体である。それゆえ仏教を学ぶ道は信仰と修行、宗教的価値の実践とあわせて思想と歴史、社会と文化に対する幅広い知的関心と共感とを要求する。韓国史の全体の流れから見る時、仏教はその導入後、土着信仰と古代的な観念との折衷と妥協、そして特殊性の解消と克服を通して、個人の心性と来世の問題に関する普遍的な解決の方策を提示した。その後、自然の法則性と道徳を結合させた社会倫理であるとともに政治理念である性理学の受容と定着、西洋で創出された近代の合理的な理性と制度、科学文明が及ぼした巨大な影響力と同様、仏教もまた韓国の歴史の中で固有性の創出と世界史的な普遍性の獲得に大きな寄与をした。

歴史的に、東アジア世界は漢字文明圏であるとともに仏教文化圏であり、したがって仏教は東アジア共同体の形成、前近代と脱近代の接点を作り出すことができる連結機能を持つと同時に媒体でもある。いまや仏教は、アジアの古い宗教伝統というだけに止まらず、人類文明に未来的なビジョンを提示できる普遍的な思惟であるとともに価値体系として進まなければならない。ただ、伝統の革新、未来的なビジョンの生成は、慣習の維持や観念的な期待だけでは不可能であり、自己の伝統に対する批判的な省察とともに脱主体的な解体の過程が必ず伴わなければならない。卑近な例でいえば、西洋哲学が優越した普遍的な地位と知的な権力を獲得したのも、長い歳月を通して続けられた徹底した自己否定と解体の過程があったからこそ可能なことであった。

幸いにも仏教は、無自性と空、因果論的な関係網のシステムで連結される無我と縁起をコアとして成立している。これは極めて合理的でラジカルな思惟体系であり、仏教は人間実存の存在論的な限界を治癒できる実践的な方策を絶えず提示してきた。加えて最近では認知科学などの分野から、科学としての心（無自我）と経験としての心（人間存在に対する信）の間に置かれた緊張と矛盾を克服できる哲学的、実践的な価値体系として仏教が西欧で新たに注目されている。また、環境および生態系の問題、自然科学の時空間の観念などに仏教の概念と理論を結合したり、新たな代案的な模索に仏教を活用しようという試みが行われている。それだけでなく、競争と疎外が近代化された現代社会で、個人の心身を治癒する瞑想心理と実践修行の分野でも、仏教は本来の役割を果たさなければならないであろう。このように仏教は、もはやアジアの古ぼけた伝統宗教ではなく、二一世紀の人類文明に寄与できる世界主義的な普遍性と脱近代的なビジョンを持った代案的な価値体系として脚光を浴びるに値するものなのである。

自己省察と革新とを通して文明史的なパラダイム転換を追求して行けば、仏教の未来は決して暗くなく進むべき方向性もまた明確である。まず仏教本来の価値である平等主義と平和主義、共同体主義と利他主義を自覚し、これを生活の中で共有すべきである。また、教育と実践、財政運営と社会福祉、葬送儀式と死後の問題など、多様な懸案の解決のための具体的な方法が模索されなければならず、ここには必ず社会的な公共性が前提とならねばならない。そして、東アジア人を超え、世界人に心の慰安を与え、人種と国境を越え、グローバルな次元で、和解と疎通のメッセージを提供できなければならない。

仏教は、能動的な実践と心（精神と体）の治癒、利他的な価値と共同体的な生の追求、非暴力と平和の実現、相互好恵的な関係性の認識など、多くの長点を持っている。したがって現代社会の多様な宗教とグローバルな文化の地形の中で、仏教を通して未来的、生産的な価値を創出していくことが可能であろう。このためには、まず仏教を媒介として連結が可能なアジア各地の歴史と伝統をよみがえらせ、アジアの仏教文化圏の共通の価値を追求し、それを基盤として二一世紀の文明コードを新たに抽出する共同の努力がなされなければならない。今後、アジアから世界へ、過去から未来へ、さらには、人類の平和と幸福を具現するのに、仏教が共生の役割を果たすことができることを希望する。

参考文献

［韓国仏教　主要研究書］

＊通史、時代史、主題別（人物、美術史を除く）

＊韓国語─外国語（日本語、英語、その他）順

＊韓国の書名については日本語に翻訳した。

1．通史

権相老、『朝鮮仏教略史』、新文館、一九一七

李能和、『朝鮮仏教通史』、新文館、一九一八

権相老、『朝鮮仏教史概説』、仏教時報社、一九三九

金映遂、『朝鮮仏教史藁』、中央仏教専門学校、一九三九（『朝鮮仏教史』、民俗苑、二〇〇二復刊）

禹貞相・金煐泰、『韓国仏教史』、進修堂、一九六九

安啓賢、『韓国仏教史研究』、同和出版社、一九八二

金東華、『韓国仏教思想の座標』、宝林社、一九八四
韓基斗、『韓国仏教思想研究』、一志社、一九八五
高翊晋、『韓国の仏教思想』、東国大出版部、一九八八
洪潤植、『韓国仏教史の研究』、教文社、一九八八
安啓賢、『韓国仏教思想史研究』、東国大出版部、一九九〇
仏教新聞社編、『韓国仏教史の再照明』、仏教時代社、一九九四
金煐泰、『韓国仏教史』、経書院、一九九七
韓鍾萬、『韓国仏教思想の展開』、民族社、一九九八
曹渓宗教育院編、『曹渓宗史――近現代篇』、曹渓宗出版社、二〇〇一
韓国留学生印度学仏教学研究会編、『日本の韓国仏教研究動向』、蔵経閣、二〇〇一
曹渓宗教育院編、『曹渓宗史――古中世篇』、曹渓宗出版社、二〇〇四
国史編纂委員会編、『信仰と思想から見た仏教の伝統の流れ』、斗山東亜、二〇〇七
円覚仏教思想研究院編、『韓国 天台宗史』、大韓仏教天台宗、二〇一〇
崔柄憲ほか、『韓国仏教史研究入門』上・下、知識産業社、二〇一三
忽滑谷快天、『朝鮮禅教史』、春秋社、一九三〇

鎌田茂雄、『朝鮮仏教史』、東京大出版会、一九八七

Shim Jae-ryong, *Korean Buddhism--Tradition and Transformation*, Seoul: Jimoondang Publishing Company, 1999.

Robert E. Buswell, Jr. ed. *Currents and Countercurrents: Korean Influences on the East Asian Buddhist Traditions*. Honolulu: University of Hawaii Press, 2005.

2．時代史（思想史）

趙明基、『新羅仏教の理念と歴史』、経書院、一九八二

金煐泰、『百済仏教思想研究』、東国大出版部、一九八五

仏教学会編、『高麗後期仏教展開史の研究』、民族社、一九八六

李基白、『新羅思想史研究』、一潮閣、一九八六

仏教史学会編、『近代韓国仏教史論』、民族社、一九八八

高翊晋、『韓国古代仏教思想史』、東国大出版部、一九八九

蔡尚植、『高麗後期仏教史研究』、一潮閣、一九九一

辛鍾遠、『新羅初期仏教史研究』、民族社、一九九二

許興植、『高麗仏教史研究』、一潮閣、一九九三
金英美、『新羅仏教思想史研究』、民族社、一九九四
許興植、『韓国中世仏教史研究』、一潮閣、一九九四
金光植、『韓国近代仏教史研究』、民族社、一九九六
金光植、『近現代仏教の再照明』、民族社、二〇〇〇
金福順、『韓国古代仏教史研究』、民族社、二〇〇二
李丙旭、『高麗時代の仏教思想』、慧眼、二〇〇二
金相鉉、『新羅の思想と文化』、一志社、二〇〇三
黄仁奎、『高麗後期・朝鮮初 仏教史研究』、慧眼、二〇〇三
金光植、『韓国現代仏教史研究』、仏教時代社、二〇〇六
沈在龍編、『高麗時代仏教思想』、ソウル大出版部、二〇〇六
金龍泰、『朝鮮時代後期仏教史研究』、新丘文化社、二〇一〇

高橋亨、『李朝仏教』、宝文館、一九二九
金知見・蔡印幻、『新羅仏教研究』、山喜房仏書林、一九七三
田村円澄、『古代朝鮮仏教と日本仏教』、吉川弘文館、一九八〇

鎌田茂雄、『新羅仏教史序説』、東京大学文化研究所、一九八八

Lewis R. Lancaster and Chai-shin Yu. eds. *Introduction of Buddhism to Korea: New Cultural Patterns*. Berkeley: Asian Humanities Press, 1989.

Lewis R. Lancaster and Chai-shin Yu. eds. *Assimilation of Buddhism in Korea: Religious Maturity and Innovation in the Silla Dynasty*. Berkeley: Asian Humanities Press, 1991.

Lewis R. Lancaster, Kikun Suh, and Chai-shin Yu. eds. *Buddhism in Koryŏ: A Royal Religion*. Berkeley: Institute of East Asian Studies, 1996.

Sem Vermeesch. *The Power of the Buddhas: The Politics of Buddhism during the Koryo Dynasty (918 - 1392)*. Cambridge: Harvard University Asia Center, 2008.

С.В. Волков,《Ранняя история буддизма в Корее: сангха и государство》Изд-во "Наука", 1985.（ポルコフ著、パクノジャ訳、『韓国古代仏教史』、ソウル大出版部、一九九八）

3．主題別 研究書

金甲周、『朝鮮時代寺院経済研究』、同和出版社、一九八三

金三龍、『韓国弥勒信仰の研究』、同和出版社、一九八三

東国大仏教文化研究院編、『韓国禅思想研究』、東国大出版部、一九八四
仏教史学会編、『韓国曹溪宗の成立史研究』、民族社、一九八六
高翊晋、『韓国撰述仏書の研究』、民族社、一九八七
安啓賢、『新羅浄土思想史研究』、玄音社、一九八七
仏教史学会編、『新羅弥陀浄土思想研究』、民族社、一九八八
仏教史学会編、『韓国華厳思想史研究』、民族社、一九八八
金相鉉、『新羅華厳思想史研究』、民族社、一九九一
李永子、『韓国天台思想の展開』、民族社、一九九二
秋萬鎬、『羅末麗初禅宗思想史研究』、理論と実践、一九九二
李載昌、『韓国仏教寺院経済研究』、仏教時代社、一九九三
韓基斗、『韓国 禅思想 研究』、一志社、一九九三
韓佑劤、『儒教政治と仏教――麗末鮮初 対仏教施策』、一潮閣、一九九三
鄭性本、『新羅禅宗研究』、民族社、一九九五
李平来、『新羅仏教如来蔵思想研究』、民族社、一九九六
東国大仏教文化研究院編、『韓国観音思想』、韓国言論刊行会、一九九七
東国大仏教文化研究院編、『韓国弥勒思想』、韓国言論刊行会、一九九七

東国大仏教文化研究院編、『韓国密教思想』、韓国言論刊行会、一九九七
東国大仏教文化研究院編、『韓国禅思想』、韓国言論刊行会、一九九七
東国大仏教文化研究院編、『韓国浄土思想』、韓国言論刊行会、一九九七
東国大仏教文化研究院編、『韓国天台思想』、韓国言論刊行会、一九九七
東国大仏教文化研究院編、『韓国華厳思想』、韓国言論刊行会、一九九七
韓基汶、『高麗寺院の構造と機能』、民族社、一九九八
崔源植、『新羅菩薩戒思想史研究』、民族社、一九九九
李萬、『韓国唯識思想史』、蔵経閣、二〇〇〇
金鍾明、『韓国中世の仏教儀礼——思想的背景と歴史的意味』、文学と知性社、二〇〇一
曺凡煥、『新羅禅宗研究』、一潮閣、二〇〇三
金杜珍、『新羅華厳思想研究』、ソウル大出版部、二〇〇四
趙明済、『高麗後期看話禅研究』、慧眼、二〇〇四
安智源、『高麗の国家仏教儀礼と文化』、ソウル大出版部、二〇〇五
朴胤珍、『高麗時代王師・国師研究』、景仁文化社、二〇〇六
徐閏吉、『韓国密教思想史』、雲住寺、二〇〇六
韓相吉、『朝鮮時代後期仏教と寺刹契』、景仁文化社、二〇〇六

崔光植、『韓国古代の土着信仰と仏教』、高麗大出版部、二〇〇七
李炳熙、『高麗後期　寺院経済研究』、景仁文化社、二〇〇八
李炳熙、『高麗時期　寺院経済研究』、景仁文化社、二〇〇九
朴姚娟、『新羅法華思想史研究』、慧眼、二〇一三

黒田亮、『朝鮮旧書考』、岩波書店、一九四〇
洪潤植、『韓国仏教儀礼の研究』、隆文館、一九七六
江田俊雄、『朝鮮仏教史の研究』、国書刊行会、一九七七
蔡印幻、『新羅仏教戒律思想研究』、国書刊行会、一九七七
大屋徳城、『高麗続蔵雕造攷』（『大屋徳城著作選集』七）、国書刊行会、一九八八
韓普光、『新羅浄土思想の研究』、東方出版社、一九九一

Robert E. Buswell, Jr. *The Formation of Ch'an Ideology in China and Korea*. Princeton: Princeton University Press, 1989.
Robert E. Buswell, Jr. *Tracing Back the Radiance: Chinul's Korean Way of Zen*. Honolulu: University of Hawaii Press, A Kuroda Institute Book, 1991.

Richard D. McBride, II. *Domesticating the Dharma: Buddhist Cults and the Hwaom Synthesis in Silla Korea*. Honolulu: University of Hawaii Press, 2007.

訳者あとがき

韓国人が書いた韓国仏教史が日本語に翻訳されるのは本書が二冊目である。一冊目は、原著が一九七六年に刊行された金煐泰著『韓国仏教史』である。日本語に翻訳されたのは一九八五年で、監修者は沖本克己氏、訳者は中島志郎、法岳光徳の両氏である。これはコンパクトながら古代から近現代まで韓国仏教の全体を扱っている。これに対して本書すなわち金龍泰著『韓国仏教史』は、それから約四〇年後に書かれた韓国仏教の通史であり、当然、中にはその間の韓国仏教研究の発展が反映されている。とりわけ前著と比較したときの大きな特徴は、著者が専門とする朝鮮時代、および近現代の記述が充実していることである。朝鮮時代においては、儒教を国教として仏教を抑圧した、いわゆる崇儒抑仏の時代の中での仏教と国家との関係が明らかにされ、また近代においては植民地時代の仏教のあり方が、さらに現代においては激動を繰り返した韓国政治の中での仏教のあり方が、よりよくわかるようになった。このように本書によって私達は韓国での仏教研究の最先端に触れることができるようになった。

訳者が注目したのは著者の現代の韓国仏教に対する厳しい見方である。おそらく著者がこのような視点を持つ背景には韓国と日本の仏教のあり方の違いが横たわっているように思う。韓国には、日本のように葬式や墓地で家と寺院とを繫ぐ檀家制度が存在しない。よって仏教界は仏教者としての生き方により人々の信仰を集めるべく努力しなければならない。これに対して日本の場合は檀家制度が存在するために、仏教そのもののあり方を問う視点が希薄になりやすい。このような仏教に対する姿勢の違いを知ること一つだけでも、本書が日本語に翻訳される意味があると思う。

著者と私は一〇年来の友人である。著者が東京大学大学院に入学して以来、様々な場で親交を重ねてきた。いま彼は韓国仏教研究の中心の東国大学校の仏教文化研究院で、韓国の仏教研究をリードする重責を担っている。それは国内での仏教研究だけでなく、日本、中国、欧米との共同学術研究の中心にも位置している。彼の研究成果を翻訳して日本に紹介することができたことは、私にとって大きな喜びである。本書が仏教を糸口とした日本人の韓国理解につながることをひとえに期待するものである。

二〇一七年三月一〇日

専修大学ネットワーク情報学部特任教授　佐藤　厚

中村　元

チベット人・韓国人の思惟方法
――東洋人の思惟方法IV

チベットの思惟方法の特徴と、現代関心が高まりつつある韓国人の思惟方法を著者の体験を通して探る。全体の結論「東洋思想とは？」を付す。（中村元選集〔決定版〕第四巻）
三〇〇〇円

平川　彰

インド仏教史　上〈新版〉

初学者でも容易に通読できるように平易・明快に説かれたインド仏教通史。上巻では、仏教の成立から、原始仏教、部派仏教を経て、初期大乗仏教までを扱う。

三二〇〇円

平川　彰

インド仏教史　下〈新版〉

仏塔信仰に端を発して大衆の宗教として再出発した大乗の系譜を説き、学問寺として発展した有名寺院の内容を考察すると共に後期の一大勢力となった密教までを概説する。

三二〇〇円

蓑輪顕量

日本仏教史

日本において瞑想と教理はどのように展開したのか。従来の教学では取りあげられなかった行に注目して、今までにない日本仏教の流れを明かす画期的な仏教史。

二四〇〇円

蓑輪顕量

仏教瞑想論

体験の宗教・仏教、その瞑想の具体的なあり方を明快に語り、あわせて、東アジア世界の瞑想修行を示し、現代アジアに展開する現在の瞑想の姿を描く、画期的な「仏教瞑想」論。

二二〇〇円

韓国仏教史

2017年4月20日　第1刷発行

著　者＝金　龍泰
監訳者＝蓑輪顕量
訳　者＝佐藤　厚
発行者＝澤畑吉和
発行所＝株式会社 春秋社
〒101-0021　東京都千代田区外神田2-18-6
電話　03-3255-9611
振替　00180-6-24861
http://www.shunjusha.co.jp/
印　刷＝萩原印刷株式会社

ISBN 978-4-393-11823-8
定価はカバー等に表示してあります

【著　者】

金 龍泰（キム・ヨンテ）

1970年ソウル生まれ。ソウル大学国史学科卒業、東京大学大学院修士課程修了、ソウル大学大学院博士課程修了。博士（文学）。専攻は韓国仏教史（朝鮮時代、近代）。現在、東国大HK（Humanities Korea）教授／韓国仏教融合学科（大学院）教授。主要論著は、『朝鮮後期　仏教史研究』、*Glocal History of Korean Buddhism*、「東亜細亜 近代 仏教研究의 特性과 오리엔탈리즘의 投影」、「歴史学에서 본 韓国仏教史研究100年」など多数。

【監訳者】

蓑輪顕量（みのわ・けんりょう）

1960年千葉県生まれ。東京大学大学院博士課程満期退学。博士（文学）。現在、東京大学大学院教授。主要論著は、『中世初期南都戒律復興の研究』（法蔵館）、『日本の宗教』『仏教瞑想論』『日本仏教史』（春秋社）、『日本仏教の教理形成――法会における唱導と論義の研究』（大蔵出版）、『事典　日本の仏教』（編著、吉川弘文館）など多数。

【訳　者】

佐藤 厚（さとう・あつし）

1967年山形県生まれ。東洋大学大学院博士後期課程修了。博士（文学）。現在、専修大学ネットワーク情報学部特任教授。専攻は韓国仏教、華厳教学、井上円了を中心とする近代日本仏教。主要論著は、『現代語訳 仏教活論序論』（大東出版社）、「義湘系華厳学派の基本思想と『大乗起信論』批判」、「井上円了における伝統仏教体系と仏教・哲学一致論」など多数。

索　引

・索引項目は、1人名、2書名、3宗派・学派・団体名、4寺名、5教理用語・歴史事項・その他、の5項目に分類した。
・各項目は、主として漢字の日本語読み、五十音順で配列した。ただし同じ漢字でも、呉音（仏教語読みに多い）と漢音とでは配列が異なることがあるので注意。
　例）成唯識論→「成」は「じょう」（呉音）で立項。成宗→「成」は「せい」（漢音）で立項。
・人名について、本文において法名、大師号などを結合している場合、一般的と思われる名称で立項し、大師号などは参照項目とした。
　例）天台智顗→「智顗」で立項、「天台智顗」は参照項目。

1 人名

あ行

か行

さ行

た行

な行

は行

2 書 名

3　宗派・学派・団体名

あ行

か行

さ行

た行

な行

は行

ま行

や行

ら行

4 寺 名

あ行

か行

さ行

た行

は行

ま行

5　教理用語・歴史事項・その他

た行

な行

は行